novum ⚓ pro

Anett Graaff

Aktiviere Deine
Selbst-Liebe
in der Seelenakademie

Praxisorientierter Ratgeber

novum ◣ pro

Dieses Buch ist auch als
e-book
erhältlich.

www.novumverlag.com

Bibliografische Information
der Deutschen Nationalbibliothek:

Die Deutsche Nationalbibliothek
verzeichnet diese Publikation in
der Deutschen Nationalbibliografie.
Detaillierte bibliografische Daten
sind im Internet über
http://www.d-nb.de abrufbar.

© 2021 novum Verlag

ISBN 978-3-99107-868-5
Lektorat: Tamara Wambacher-Pavlov
Umschlagfotos:
Les Cunliffe, Richard Vandewalle,
Suphakit73 | Dreamstime.com
Umschlaggestaltung, Layout & Satz:
novum Verlag
Innenabbildungen: Marion E. Feldhaus

Gedruckt in der Europäischen Union
auf umweltfreundlichem, chlor- und
säurefrei gebleichtem Papier.

www.novumverlag.com

Inhaltsverzeichnis

Vorwort

Selbst-Liebe – immer wieder werde ich als Heilerin gefragt, wie man sie erreicht. Das lässt sich natürlich nicht in zwei Sätzen beantworten. Jeder Mensch trägt die Energie der Selbst-Liebe in sich. Sie ist ihm von Gott (vom Göttlichen) gegeben. Sie erweist sich als der Schlüssel zum Ankommen, zu einem Glück von Zuhause, Glück und Selbstannahme/Selbstakzeptanz. Um diesen Schlüssel in Gang zu setzen, ist eine Voraussetzung erforderlich – Erlaubnis. Ich gebe mir die Erlaubnis, glücklich zu sein. Hört sich ganz einfach an. Für die meisten von uns ist hier ein langer Weg zu beschreiten. Seit vielen Inkarnationen sind wir als Menschen auf dem Planeten Erde. Jedes einzelne Leben hinterließ seine individuellen Spuren. Diese erwiesen sich mal als sehr erfolgreich, mal als eher erfolglos, mal als leicht, mal als schwer. Viele Erfahrungen stecken in unserem Energiesystem und dem der großen Seelengemeinschaft. Unsere Seele brachte sie mit und nimmt nun die Rolle der Lernenden ein im Körper eines Menschen. Sie wartet auf noch mehr Erleben, Entwicklung, Erfahrung. Als innerer Motor weiß sie um unsere jeweilige Lebensaufgabe und spornt uns an, diese zu erfüllen. Somit ist sie auch Lehrende. Die Selbst-Liebe ist dabei ein Ziel, welches sich über viele Inkarnationen bis zur Vollendung zieht. Zugleich ist sie der Weg in die Vollkommenheit.

Hier sind doch so einige Entwicklungsschritte nötig. Nicht immer fällt es uns leicht, mit diesen Schritten liebevoll und wertschätzend umzugehen. Erfahrungen mit Neid, Hass, Gier, Gewalt, Krieg usw. prägten sich ein. Sie sitzen noch tief im Emotional-Körper. Dieser bewahrt all die Emotionen zum jeweiligen Erlebnis auf.

Die Evolution brachte eine Prägung (Matrix) hervor, die voll von Schmerz, Angst, Traumata und Verwundungen auf allen Ebenen ist. Der Mensch ist an diese Prägung gebunden. Aus ihr herauszuwachsen, stellt sich als ein Mammutprojekt dar. Einen wichtigen Grundstein hierfür spielt die Selbst-Liebe. Das höhere Selbst eines jeden Menschen geriet in die „Fänge" dieser Prägung und fiel so aus dem Gleichgewicht. Es nahm Schmerz auf, der jetzt zu transformieren ist, damit das Selbst sein ganzes Potential wieder entfalten kann, und der Mensch dieses Selbst wieder lieben kann. Die Prägung entwickelte sich auch auf Kollektivebene.

Ich biete Ihnen meine Hilfe im Erkennen Ihrer Selbst-Liebe an, die Wichtigkeit ihrer Präsenz und den Wert ihrer Heilkräfte. Auf dem Weg in die Selbst-Liebe sind äußere und innere Faktoren zu beleuchten. Das ist oft mit einem gewissen Zeitaufwand verbunden. Doch dieser lohnt sich. Das Tor der Selbst-Liebe lässt sich öffnen und sämtliche Ketten sprengen.

Gleichzeitig beleuchte ich dieses Thema mit Hilfe der Hildegard von Bingen-Werke. Schon vor über 900 Jahren erkannte sie die Wichtigkeit der Selbst-Liebe als unseren inneren Heiler. Meine Liebe zu den Hildegard-Werken ist nicht zu leugnen. Es berührt mein Herz, ihre Sprache aus einer anderen Sicht verstehen zu dürfen. Mit zeitgenössischen Synonymen lassen sich erstaunliche Parallelen finden. In meinem Buch „Himmel und Erde in mir vereint" schrieb ich ausführlich zu meiner engen Verbindung mit Hildegard von Bingen.

Zunächst sind erst einmal ein paar Anhaltspunkte aufzuzeigen, die im Großen eingeflochten sind:

Selbst-Bild – Schau in den Spiegel

Der Blick in den Spiegel kann ganz kurz erfolgen. Ich überprüfe noch einmal, ob die Kleidung gut sitzt oder auch das Gesamtbild für den Tag passt. Ein weiterer Blick ist ein sehr intensiver. Ich schaue nicht nur in den Spiegel, der vielleicht zu Hause im Flur hängt. Andere Menschen erweisen sich als Spiegel für mich. Und hier passiert es mir, dass ich mit dem Bild unzufrieden bin.

Wie sehe ich mich selbst? Da gibt es den äußeren und den inneren Blick. Beide sind wichtig. Das Äußere ist schnell abgescannt und wird gerne bewertet. Der Blick nach innen erweist sich als zeitaufwendiger und bedarf Mut.

Selbst-Glaube – Glaube an Dich

Gelingt es Dir, an Dich selbst zu glauben? Weißt Du um all Deine Fähigkeiten und Talente? Ist Dir Dein gesamtes Potential schon bewusst? Kämpfst Du noch mit alten Glaubenssätzen?

Jeder kennt sie, Sätze wie: „Du bist nicht gut genug. Du schaffst das nie, Deine Mutter konnte das auch nicht. Ohne mich bleibst Du ein Versager." Man könnte noch viele Sätze hinzufügen. Aber belassen wir es dabei. Solche Sätze prägen sich intensiv ein, wenn sie immer wiederholt werden. Schon im Kindesalter hörten wir sie, zumindest der Großteil von uns. Unsere Eltern, Lehrer, Erzieher wollten das Beste für uns und gaben uns teilweise solche Glaubenssätze mit auf den Weg – es sind auch ihre Glaubensmuster. Sie wussten nicht immer um deren Intensität und die belastenden Energien, die daran haften. Unser Mental- und unser Emotional-Körper nahmen diese Energien auf. Sie sind Teil dieser Körper geworden und beeinflussen heute unsere Beziehungen, unseren Alltag, unsere Selbst-Liebe. Sie stören unser Energiesystem, indem sie sich in ihm festsetzten. In bestimmten Situationen machen sie sich sofort bemerkbar und blockieren uns oder lösen sofort einen Schmerz aus. Konnten sie sich so weit ausbreiten, dass wir uns mittlerweile mit ihnen identifizieren, erschwert das unser Leben enorm. Der äußere Einfluss verschmolz zu einem inneren Einfluss, den wir mit diesen Energien füttern. Das Äußere ergoss sich in eine Form, die jetzt mit dem Inneren (wie z. B. unserem Denken, unserem Fühlen, unserem Glauben) eine Symbiose bildet. Es zeigt sich wie ein eingesetzter Pflock im Energiesystem und bringt Energien ins Stocken. Eine Enge stellt sich ein, die zur Unbeweglichkeit führt. Der Glaube beginnt sich nur noch in eine Richtung zu bewegen, die eine Weiterentwicklung erheblich erschwert. Die Prägung bestimmt die Richtung durch ihren Einfluss. Das Potential verkümmert, es ist gefangen im negativen Glauben, das sich als gutes Futter für die Prägung darstellt. Der Energiefluss an die Urkraft des Glaubens ist gestört.

Selbst-Prägung – Verpass Dir (D)einen Stempel

Ist Dir Deine Identität schon komplett bewusst? Wer bist Du? Was macht Dich aus? Welche Prägungen formten Dich? Kannst Du Dir vorstellen, dass Du Dein „Ich" noch gar nicht in voller Pracht zum Vorschein bringst? Die Prägungen durch Eltern, Großeltern und unser Umfeld (sowie andere Inkarnationen) sind tief in uns verankert. Als Kinder nahmen wir sie oft ungefiltert auf. Sie gaben uns häufig eine Richtung in unserem Leben vor. Es fügte sich eine Schablone zusammen, mit der wir uns bewegten. Sie erwies sich als unser Kompass, als unser Lebensstempel. Aber dieser Stempel ist eine Mischung verschiedenster Prägungen. Diese legt sich wie ein Schleier auf unser „Ich". Auch hier verändert sich unsere Form der Liebe. Wir fangen an, uns zu verbiegen, ohne dass es uns immer bewusst ist. Im Kindesalter sind wir fest im Stempel der Eltern involviert. Ihre Energien, ihr Lebensstempel ist unser „Vorbild", eine Prägung, der wir Glauben schenken. Auch wenn es uns gelingt, im Erwachsenenalter diesem Muster zu entfliehen, ist es noch im Energiesystem gespeichert und wartet auf eine Auflösung. Der alte Lebensstempel darf nun mit Hilfe einer Umwandlung (Transformation) eine neue, eine eigene Prägung erhalten.

Selbst-Wert – Schätze Deinen Wert (Sieh Deinen Reichtum)

Der Begriff Selbst-Wert gelangt immer mehr in den öffentlichen Fokus. Viele Menschen wissen heute, dass die Wertschätzung eine große Baustelle des Menschen ist. Kennst Du Deinen Wert? Kannst Du Deinen Wert schätzen? Ist es Dir möglich, Dich als Mensch als wertvoll zu erachten? Der Selbst-Wert wurde uns vom Göttlichen mitgegeben. Er ist in unserer Seele verankert. Sie weiß um unseren Wert. Auch hier liegen viele negative Erfahrungen wie Selbstverurteilungen, Selbsthass, Minderwertigkeitsgefühle, Askese usw. verborgen. Diese wiegen schwer und lassen unseren Wert nicht zu einer Blume erblühen. Die Blume hat schwer zu kämpfen, sich aufzurichten.

Selbst-Sicherheit – Sichere Dich selbst ab

Weißt Du um Deine Sicherheit hier auf der Erde? Wo holst Du Dir diese Sicherheit her? Auch hier lassen sich äußere und innere Sicherheit aufzeigen. Die äußere täuscht uns sehr oft, ist sie doch vorwiegend mit materieller Sicherheit verknüpft. Sie hängt sich an Bedingungen und Wertungen. Ihr trügerisches Wirken lässt uns Menschen in eine Richtung laufen, die uns letztendlich keine innere Sicherheit schenkt. Die innere Sicherheit entsteht im Glauben und Vertrauen. Die Seelenkräfte bilden das Fundament der inneren Sicherheit, die dann auch eine äußere Sicherheit zur Folge hat. Mittlerweile wissen wir, dass materielle Sicherheit allein nicht ausreicht, um ein glückliches und zufriedenes Leben führen zu können. Hier sehen wir das Leben nur aus einer sehr eingeschränkten Perspektive. Glaube, Vertrauen, innerer Frieden, Genuss des Lebens sind jene Merkmale, die uns die Selbst-Sicherheit bringen.

Selbst-Liebe – Erlaube Dir Deine Liebe

Kannst Du Dich lieben? Bist Du bereit, Dich zu lieben? Oder denkst Du bei Selbst-Liebe an egoistische Ansichten, an Moralpredigten? Hier lauert genau die Gefahr einer missverstandenen Selbst-Liebe. Die Morallehre brachte die Selbst-Liebe ins Wanken. Sie verbindet diese mit Egoismus. Ich habe erst an die anderen zu denken, bevor ich an mich selbst denke. Das wird sogar als große Tugend dargestellt. Dabei bemerkten wir lange Zeit nicht, dass man uns damit von der Selbst-Liebe, der göttlichen Liebe, abschnitt. Immer war ein Gefühl von Trennung mit im „Spiel". Der Mensch vermochte es, sich als eigener größter Feind in eine Form zu bringen. Unzählige Wertungen ermöglichten so eine Form (eine Prägung/Matrix). Er schnitt sich förmlich von der bedingungslosen Liebe ab, und es entwickelte sich eine lieblose Prägung, die bis heute die Menschen beeinflusst. Der Mensch ist ein wertvolles Geschöpf, es besitzt im Inneren seine Seelenkräfte, die ihm als heiliges Heilwissen „eingepflanzt" sind. Vertraut er sich ihnen an, findet er den Weg aus der Prägung der Angst wieder heraus.

In Form eines Ratgebers finden Sie in diesem Buch praktische Anleitungen eines Seelenprogramms, das in zwei Teilen erfolgt. Im ersten Teil schaffen Sie mit Hilfe der Seelenkräfte die Grundlage für Ihre Selbst-Liebe und geben sich die Möglichkeit zur Öffnung für die Liebe, die göttliche Liebe. Die Arbeit erstreckt sich auf sieben Seelenkräfte inkl. Gebete, Meditation, Einsatz von Heilsteinen mit Zeitvorgaben. Am Ende eines jeden Kapitels finden Sie eine Zusammenfassung der vorgesehenen Aufgaben. So können Sie für sich überprüfen, ob alle Aufgaben erfüllt sind.

Der zweite Teil des Programms ist der Vertiefung und Stärkung der Liebe gewidmet. Im Rahmen der sieben Schöpfungstage begeben Sie sich auf Ihre ganz individuelle Reise der Lebenszyklen. Dies mag sich im ersten Moment befremdlich anhören. In den Schöpfungstagen steckt die ganze Schöpfung des Menschen, verbunden mit den sieben Chakren, den Energiezentren. So öffnet sich ein Weg in die Selbst-Liebe. Dieses tiefgreifende Programm nimmt mit allen Übungen einen Zeitraum von mehreren Monaten ein. Es bedarf Ihrer Zu- und Mitarbeit. Ehrlichkeit, Mut und Disziplin bilden hervorragende Voraussetzungen Ihrerseits. Himmlische Unterstützung gesellt sich dazu. Erzengel, Jesus, Mutter Maria oder auch Maria Magdalena warten schon auf Sie.

Sind Sie bereit? Dann bitte ich Sie weiterzulesen und wünsche Ihnen viel Erfolg auf Ihrer Reise.

Hildegard von Bingen – ein Blick zurück

Hildegard von Bingen erfährt in ihrem Leben immer wieder göttliche Erfahrungen, Eingebungen, Momente, in denen sie aufgefordert wird aufzuschreiben, was sie hört und sieht. Damit wurde ihr eine große Aufgabe zuteil. In mehr als drei Jahrzehnten entstanden so Werke, die zusammen eine ganzheitliche Heilkunde bilden. Das Schreiben ist für sie mit Freude, Demut, aber auch Angst verbunden. Wie sollte es ihr als Frau gelingen, das Geschriebene zu veröffentlichen? Wer schenkte ihr Gehör? Aber die innere Stimme ließ nicht locker. Heute erreicht uns damit ein einzigartiger Schatz an altem Heilwissen. Immer wieder suchen Menschen parallel zur Schulmedizin nach alternativen Heilmethoden, die die Seelenebene einbeziehen. Von Körper, Geist und Seele ist immer wieder zu lesen und zu hören. Diese sind in Einklang zu bringen. Aber wie? Aus dem asiatischen Raum kennen wir diesen Ansatz. Mittlerweile ist die „Seelen-Medizin" auch im Westen angekommen. Die Heilung der Seelenebene steht an oberster Stelle. Ist diese gesund, können Körper, Psyche und Geist folgen. Alles ist miteinander verbunden. Hildegard besaß dieses Wissen. In all ihren Werken spricht sie die „Discretio", das gesunde Maß, an. Unzählige Wechselwirkungen führt sie auf. Dabei spielt ihre Seelenheilkunde den zentralen Punkt. So sind die Seelenauswirkungen in all ihren Werken eingebunden.

Neben der Seele nimmt die Ur-Kirche einen besonderen Stellenwert ein. Sie beherbergt die Tugenden, die Hildegard als weibliche Wesen sehen darf. In jedem Heilungsprozess stehen die Tugenden dem Menschen hilfreich zur Seite. Vertraut er sich diesen Kräften an, verstärkt es den Heilungsprozess des Menschen. Die Ur-Kirche erweist sich als ein einzigartiges Heilzentrum, welches sich Hildegard in der Gestalt einer Frau präsentiert. Als Wohnstätte der Tugendkräfte stehen ihre Türen jedem einzelnen zu jeder Zeit offen. Getreu dem Motto „Vor Gott sind alle gleich" nimmt sie jedes Geschöpf in ihre Obhut. Wie eine Mutter nimmt sie ihre Kinder in die Arme. Die Tugenden unterstützen sie und lehren Wertschätzung, Respekt, Zufriedenheit, Barmherzigkeit. Der Einsatz dieser positiven Energien oder Muster strahlt in die Herzen hinein und lässt sie sich öffnen. Hildegard durfte mit jeder Tugend ein „Seminar" erleben und gibt uns diese Erfahrungen, dieses Wissen weiter. Es erweist sich als ein unbezahlbarer Schatz, um aus alten störenden Mustern zu entfliehen und all die Herzensliebe wieder fließen zu lassen.

Die Seelenakademie und ihre Seelenkräfte

Bei dem Begriff Tugenden fragen sich viele Menschen, ob dieser nicht altmodisch ist. Im Laufe der Geschichte wurden sie in eine Morallehre gepresst und somit als Machtmittel missbraucht. Als Schutzschild der Institution Kirche galten die Tugenden als das Allheilmittel. Ihre Kategorisierung nahm ihnen einen großen Teil ihrer Heilwirkungen. Ihr liebevoller Ursprung geriet in den Hintergrund. Man benutzte sie für ein System, um ihm damit Futter zu geben. Die Institution Kirche nahm Besitz von den Tugenden. Sie höhlte sie aus.

Aus rein energetischer Sicht erscheinen die Tugenden als weibliche Lebewesen (Seelenkräfte), die der Ur-Kirche dienten. Ihre positiven Energien brachten den Menschen Glauben, Vertrauen und Hoffnung. Ihr Lichtkleid berührte die Seelen und stärkte diese. Man darf sie als Seelenkräfte bezeichnen und die Ur-Kirche als die Seelenakademie. So entfaltet sich eine völlig andere Energie zu diesen Wörtern – eine lichtdurchflutete göttliche Energie. Jedem von uns stehen sie zur Verfügung. Eine Trennung fand nie statt, auch wenn es sich oft so anfühlte. Dennoch liegen sie in vielen Menschen tief vergraben und warten auf ein erneutes Erwachen. In jeder Inkarnation wünscht sich die Seele nichts sehnlicher, als sich weiterentwickeln zu können. Die Triebfeder dazu sind unter anderem die Seelenkräfte, die im „Ausbildungszentrum" – der Seelenakademie – zu finden sind. Die Seelenkräfte spannen sich wie ein Netz um jede einzelne Seele und nähren diese mit göttlichen Energien. Die Seele wiederum sucht sich ihren Tempel, den Körper des Menschen, aus und begibt sich auf eine lehrreiche und individuelle Reise. Darauf wurde sie in der Seelenakademie vorbereitet. Auf ihrer Reise als Mensch erfährt sie Freude, Leid, Geburt, Wiedergeburt, „Himmel und Hölle". Sie geht mit vollem Elan und in tiefer Demut auf diese Reise. Das Pensum ist enorm, ganz gleich welchen Zeitraum das Erleben auf der Erde einnimmt. Jede Sekunde zählt. Ihre Seelenkräfte hat sie mit im Gepäck. Nicht nur sie allein benötigt diese Kräfte für sich, nein, sie gibt sie an den Menschen weiter, in dem sie gerade wohnt. Damit spornt sie ihn an. Das gelingt ihr mal mit mehr, mal mit weniger Resonanz des Menschen. Sie schubst von innen an und bedarf der Sinne des Menschen, um sie wahrzunehmen. Im Innern wartet sie auf die unterschiedlichsten Handlungen ihres Menschen und darf Menschliches erfahren und erleben. Kann sich der Mensch ganz auf sie und ihre Kräfte einlassen, dürfen beide Schritt für Schritt Erfahrungen sammeln. Je nachdem welche Aufgabe die Seele übernommen hat, unterstützt sie den Menschen aus ihrem Innenraum heraus, diese Aufgaben auch für sich wahrzunehmen. Und natürlich warten so manche Herausforderungen auf beide.

Als Heilerin treffe ich fast täglich mit kranken Menschen zusammen. Viele von ihnen suchen ganz bewusst nach Möglichkeiten neben der Schulmedizin. Oftmals liegen lange Krankheitswege hinter ihnen, dennoch spüren sie in ihrem Innern etwas, das sie nicht aufgeben lässt. Krankheiten zu durchlaufen, ist sehr herausfordernd. Viele Ursachen stecken hinter den einzelnen Krankheiten. Aber irgendetwas in diesen Menschen lässt sie wissen, dass es weiter geht. Es sind die Seelenkräfte, die sich bemerkbar machen. Sie wissen um die Heilungschancen.

Die Aufklärung ist heutzutage groß, genauso wie die Informationsflut. Heilung kann nur von innen her erfolgen. Es sind die Seelenkräfte, die enorm zur Heilung beitragen, wenn wir sie nutzen und es ihnen gestatten. Die Seele fordert uns geradezu heraus, unsere eigenen Heilungsprozesse in Gang zu setzen. Immer wieder schickt sie mit ihren Kräften Impulse. Finden wir Antworten im Äußeren z. B. durch ein Buch, das wir gerade lesen, erfahren wir Resonanz zu unseren Heilthemen. Alles, das zu Resonanz führt, sollte angeschaut werden. Ist es eine permanente Unzufriedenheit, Überforderung oder auch Schlaflosigkeit, sind wir gefordert, die Ursachen zu finden. Was macht mich unzufrieden, was überfordert mich, was lässt mich nicht schlafen? Beobachte ich, wann genau diese Gefühle auftauchen, bin ich den Antworten schon sehr nahe.

In diesem Buch möchte ich eigene Erfahrungen aus meiner Tätigkeit als Heilerin einbringen und altes Klosterheilwissen in einer für heute verständlichen Sprache einfügen. Gott gab den Menschen in allen Zeiten und Inkarnationen Heilwissen mit auf die Reise. Dieses bündelt sich in der Seelenakademie. Viele Jahrhunderte wandte man es im ganzheitlichen Sinne (auf körperlicher, psychischer, emotionaler, mentaler Ebene) an und ließ die Seele nicht außen vor. Spiritualität nahm einen großen Stellenwert ein, genauso wie geistige Heilmethoden, Astrologie, Kräuterkunde, Traditionelle Chinesische Medizin, Traditionelle Europäische Medizin, Quantentheorie, Energiegesetzmäßigkeiten usw. Dennoch gab es einen Punkt, an dem das gesunde Maß verloren ging und wertvolles Heilwissen verunglimpft wurde. Es fand eine regelrechte Trennung statt, bis hin zum Seelentrauma, auch auf Kollektivebene. Als wahr wurde nur noch das angesehen, was auch mit bloßem Auge erkennbar oder mit Werten nachgewiesen werden konnte. Damit beraubte sich der Mensch vieler Möglichkeiten ganzheitlicher Heilung. Die Betrachtung allein des menschlichen Körpers kann keine vollständige Heilung hervorbringen. Der feinstoffliche Bereich ist einzubinden.

Ich möchte mit den Werken der Hildegard von Bingen beginnen. Sie spielt in meinem Leben eine große Rolle, und das Lesen ihrer Texte schickt mich jedes Mal auf eine Reise und lässt mich tiefer in ihre eigene Sprache eintauchen. Meine Übersetzungsversuche stellen kein Dogma und keinen Anspruch auf Richtigkeit dar. Es ist meine Weise, ihre Werke zu interpretieren und zu erfahren.

Hildegard von Bingen beschreibt in ihrem ersten Werk „Scivias" in wunderschöner Bildsprache die Tugenden. Sie darf jede einzelne von ihnen in Gestalt weiblicher Wesen, die sie uns exakt beschreibt, sehen. Diese Wesen bezeichne ich gerne als Heilschwestern, die um des Menschen Stärken und Schwächen wissen. Es sind unsere Seelenkräfte. Wie oft verstrickt sich der Mensch in seinen eigenen inneren Kampf. Um diesem Kampf zu entfliehen, bieten die Tugenden, die Seelenkräfte, ihre heilenden Energien an. Mit bedingungsloser Liebe brechen sie Wunden auf und führen uns in die Freiheit der Liebe. Sie führen uns ins Licht. Ihre Zartheit und Fürsorglichkeit kommt der einer liebenden Mutter nahe. Alles in ihnen ist auf Heilung (auf Selbstheilung für den Menschen) angelegt und bietet sich uns als Weg in die Selbst-Liebe an.

Aber was sind Tugenden? Ist dieser Begriff für uns noch aktuell? Müssen wir uns heute noch damit beschäftigen? Ja, heute genauso wie zu Hildegards Zeiten. Im Laufe der Geschichte vereinnahmte die Morallehre der Institution Kirche die Tugenden, die eine wertende und bedrohliche Richtung annahm. Damit gerieten die Tugenden in einen Strudel, der ihre Liebe, ihre eigentliche Aufgabe, missachtete. Ihnen wurden Energien der Unterwerfung auferlegt. Den Heilschwestern (Tugenden) legte man Bedingungen auf. Die Moralpredigt stellte sich somit auf ein Podest und zwang die Tugenden in eine Kommunikation, die nicht mehr auf Augenhöhe verlief. Somit ging ein Stück Seelenkommunikation verloren. Aber Gott ließ es nicht zu, dass sie ihrer bedingungslosen Liebe beraubt wurden. Ihre heilenden Kräfte verloren nicht an Intensität. Es wurde nur versucht, sie in eine Art Gebilde zu formen, durch das die „Prediger" und auch jene, die sich mit diesen Formen schmückten, ihr Ego und somit ihre Macht nähren konnten. Die leere Hülle dieser Form konnte die Herzen nicht erreichen. Dies schaffen nur die Tugenden, die Seelenkräfte, so wie Gott sie erschuf und den Menschen als Geschenk darreichte.

Als Seelenkräfte sind sie reine göttliche Liebe. Das Wort Tugend darf gerne durch das Wort Seelenkraft ausgetauscht werden. Somit entwickelt sich eine ganz eigene energetisch positive Dynamik. Diese Liebe steht uns jederzeit zur Verfügung. Begeben wir uns in die Hände unserer Seelenkräfte, können sich krankmachende Muster zeigen. So erkennen wir unseren Heilungsbedarf. Wie genau das geschehen kann, erfahren Sie auf den weiteren Seiten. Schon allein das Wort SEELENKRAFT entwickelt positive Impulse und Gedanken in uns. Es ist nicht mit Wertungen und Bedingungen belegt wie das Wort Tugend. Es ist ein Wort voller liebevoller Energie und Stärke.

Hildegard würde uns als Heilerin, Lehrerin, Ratgeberin heute die gleichen Antworten und Hinweise geben wie zu ihrer Zeit. Ihre Ausdrucksweise war nur eine andere. Sie durfte in Visionen göttliche Zusammenhänge erkennen und aufschreiben. 33 Jahre ihres Lebens widmete sie dieser Aufgabe. Dabei war sie fest eingebunden in das System des Klosters, mit allen Vor- und Nachteilen. Für die Zeit, in der sie lebte, entpuppte sich das Klosterleben als genau die richtige Form. Es bot einen gewissen Schutz und ihr durch das Schreiben den persönlichen Schutz durch den Papst. Dennoch durchwanderte sie alle Höhen und Tiefen eines menschlichen Lebens. Verhaltensaspekte wie Hass, Neid, Missgunst, Egoismus zeigten sich auch an ihr und ihren Mitschwestern. Ihr tiefer Glaube beseelte sie und gab ihr enorme Stärke des Durchhaltens. Hier finden wir schon eine Seelenkraft, den Glauben. Wie oft nagten Selbstzweifel an ihr, die sie immer wieder in eine Krankheit fallen ließen. Das in ihrem Herzen tiefliegende Urvertrauen klopfte so oft an, sodass Hildegard nur übrigblieb aufzustehen und ihre Arbeit wieder aufzunehmen. Sie lernte, ihre eigenen Stärken und Schwächen anzunehmen und gab ihnen den entsprechenden Raum. Je mehr ihr das gelang, desto mehr gewann sie an Größe und Präsenz. Ihr Selbstvertrauen stärkte sich aus ihrem Inneren heraus. Die Tugenden, ihre Seelenkräfte, machten auch vor ihr keinen Halt und gesellten sich zu ihr als Schwestern der bedingungslosen und heilenden Liebe. Sie gab sich ihnen hin und ließ ihr Inneres heilen. So wuchs ihre Widerstandskraft gegen äußere Einflüsse.

Dieser Prozess forderte immer wieder seinen Tribut und Prüfungen blieben ihr bis ans Lebensende nicht erspart. Es war die innere Kraft, die innere göttliche Liebeskraft – ihre Seelenkraft –, die sie dazu bewegte, nicht aufzuhören. So arbeitete sie als Mutter, Lehrerin, Vorgesetzte, Ratgeberin, Heilerin, Lichtbringerin und konnte ihr Kloster zu einer einzigartigen Pilgerstätte werden lassen. Der Energie des Klosters und jener von Hildegard konnte man sich kaum entziehen. Es war eine Energie größter Liebe, eine Energie des Mitgefühls, der Barmherzigkeit, die nicht aufhörte zu fließen. Die Anbindung an die Seelenakademie stattete sie mit allen Kräften und allem Wissen aus. Je älter sie wurde, desto stärker zeigte sich der heilende Energiefluss. Ihre Kanäle waren offen fürs Geben und Nehmen göttlicher Liebe. Gott führte sie persönlich und stellte ihr all die Lichtwesen zur Seite, die sie für ihre Aufgabe benötigte. Er wusste um ihr Potential und erwies sich als fürsorglicher Vater. Er forderte sie immer wieder heraus, auch wenn sich bei ihr Überforderung zeigte und diese sie ans Bett fesselte. All die festsitzenden krankmachenden blockierenden Energien – eigene wie auch Fremdenergien – lösten sich im Laufe der Jahre auf. Die Liebe hielt ständig Einzug und ließ Hildegard an Größe zunehmen. Innere Kämpfe tobten in ihr solange, bis die Seelenkräfte als Heilschwestern ihr diese nehmen konnten und Hildegard sich mit ihnen verband.

Viele Nächte des Haderns, des Verdammtseins gepaart mit Versagensängsten brachten sie an ihre Grenzen. Psyche und Körper wollten so schnell keine Ruhe geben. Der Energiehaushalt glich einem Trümmerfeld und war ständigen Schwankungen unterlegen. Schmerzen türmten sich auf und verlangten ein Erbarmen. Ihr Schmerzkörper verlangte nach Heilung, für die Hildegard Jahrzehnte brauchte. Dieser beherbergte eine Menge Fremdenergien aus anderen Inkarnationen und der eigenen Ahnenreihe. Jeder einzelne Schmerz nistete sich ein und ließ ihren Schmerzkörper oft zum Bersten bringen. Diese Energien spürte Hildegard wie starke Energiebrocken, die in ihrer Aura steckten und sich oftmals wie Tentakel ausbreiteten. Sie feierten ihr Fest als Energiefresser und Störenfriede. Somit blieb Hildegard nichts anderes übrig, als sich ihrer anzunehmen und sie über jahrelange Heilarbeit zum Auflösen zu bewegen. Das Licht unter ihnen gewann wieder an Kraft, die Transformationsarbeit zehrte an ihr und brachte im gleichen Atemzug Befreiung. Hildegard konnte all die Bilder der Energiefresser sehen. Diese ließen Angst aufkommen und nagten an ihrer Psyche. Im Laufe der Jahre lernte Hildegard heilende Energiearbeit, die sie auch für andere Menschen einsetzte. Die Heilerin in ihr war geboren, wiedergeboren, die Verbindung zu Jesus war tief. Ihre Hände durchfluteten sie und ihre Kranken mit Heilenergie, so wie Jesus es auch getan hatte. So lernte Hildegard auch die heilenden Schwingungen der Edelsteine und Kräuter einzusetzen. Ihr Blick öffnete sich für eine ganzheitliche Sicht (körperlich, psychisch, seelisch, geistig). Gott offenbarte ihr all dieses Wissen. Ihre Aufgabe bestand darin, dieses alte Wissen für nachfolgende Generationen festzuhalten. Der Wert dieses Wissens ist nicht in Währung festzusetzen. Das Wissen beinhaltet all die Heilmöglichkeiten, all die Gesetze des Lebens, irdisch und universell – es ist Gottes Liebe an die Menschheit.

Das Gefühl Hildegards, nicht gut genug zu sein, wollte einfach nicht vergehen. Der Kriegsschauplatz Hildegard verbarg hinter all der Dunkelheit ein großes Licht, welches sie sich mühsam wiedererwarb. Jeder noch so kleine Schritt brachte sie diesem Licht näher. Der Strahl des Urvertrauens, der göttlichen Anbindung, holte sie durch unmessbarem Geröll ins Licht. Er zog sie durch diese schweren Massen hindurch direkt ins Licht. Ihre Aufgabe zeigte sich nicht nur in der Führung ihres Klosters, sondern auch in der Führung ihrer Ahnen. Ein Ahnenfeld von sieben Generationen baute sich vor ihr auf. Und wieder war sie in der göttlichen „Pflicht", hier Licht einfließen zu lassen. Energien von Tobsucht, kriegerischen Auseinandersetzungen, Hass, Missgunst, Folter und Unversöhnlichkeit ließen sie erahnen, welche Leistung sie zu erbringen hatte. Alles wartet auf Liebe, eine Liebe tiefer Vergebung und Versöhnung. Schubweise ließ sie diese in ihre Ahnen fließen, sodass alte Wunden heilen und Familien zusammengeführt werden konnten, die durch jahrhundertealte Fehden zerrüttet worden waren. Es war ein Akt größter Liebe und Anstrengung. Hier zeigte sich ihre große Seele mit unerschütterlichem Herzen für die göttliche Liebe. Hildegard wies genau diese Eigenschaft auf. All der unerlöste Schmerz ihrer Ahnen nagte auch an ihr und ließ sie für ihre Schwestern auch mal hart oder unnahbar erscheinen. Aber dieser Schein zeigte nur einen Aspekt. Die Liebe in ihrem Herzen versiegte nicht. Die Erfüllung ihrer Aufgabe verzehrte sie phasenweise, dennoch fand sie immer wieder zur Kraft zurück. Die Härte in ihr bereitete ihr Kummer und Selbstzweifel, die sie im Tanz mit den Seelenkräften aber wieder ablegen konnte. Der Mensch in ihr brachte alle Facetten zum Vorschein, die göttliche Liebe in ihr ließ sie wachsen und eine innere Zufriedenheit ans Tageslicht bringen.

Sie gewann an Selbstvertrauen durch ihr Urvertrauen, sie gewann an Selbstglaube durch ihren tiefen Glauben. Sie gewann an Gleichgewicht durch ihre Erfahrungen und ihrem inneren Verständnis über ein gesundes Maß. Sie blühte auf, das konnte auch ihr schwarzes Gewand nicht verstecken. Ihre Liebe durchbrach dieses Gewand, ihr Licht berührte die Menschen und füllte somit ihr Kloster. Ein Diamant erleuchtete sich und seine Umgebung in ein Lichtkleid der Heilung. Es gab kein Zurück mehr, all das Klagen hörte auf. Die Wände der heilenden Ur-Kirche, der Seelenakademie, bauten sich lichtvoll auf. Ein Engel auf Erden erstrahlte in vollem Glanz. Es gab nur noch ein Miteinander. Himmel und Erde vereinten sich in ihr. Sie erkannte, wenn auch zaghaft, ihr göttliches Ich-bin in ihr, ihre Ur-Kraft, die Ur-Frau in ihr bäumte sich auf. Das heilende Weibliche umgab sie und so gelang es ihr, all die Hürden zu überwinden und eine Persönlichkeit zu entwickeln, die ihres gleichen sucht. Sie lebte sich selbst, ihre Aufgabe, ihre Liebe, ihren Glauben, ihre Kraft als Heilerin.

In allen Werken der Hildegard von Bingen spiegelt sich ihre göttliche Liebe wider, der Glaube an Heilung, Gottes Wertschätzung dem Menschen gegenüber und das einzigartige Heilpotential. Eine ganzheitliche Heilkunde übergibt sie uns, die an Aktualität nicht verliert. Die Sprache mag ungewöhnlich erscheinen, aber das steht ihr nach fast 900 Jahren auch zu. Sie komplett zu entschlüsseln, stellt sich auch als Herausforderung dar, das Lesen und Erkennen zwischen den Zeilen ist notwendig. Dieses Geschenk Gottes, das Hildegard weitergeben darf, ist für alle Zeiten auf Papier gebracht. Alle Ebenen wurden einbezogen. Hildegard wusste um die heilenden Energien, die sich durch jedes einzelne Werk ziehen, aber nicht explizit als Wort zu lesen sind. Man kann sie spüren. All die Werke sind mit den Energiegesetzen durchflochten, den Gesetzen des Lebens. Hildegard wusste um diesen Schatz, der Offenbarung des Lebens durch Gott.

Hildegard schaute die Tugenden, die Seelenkräfte als eine Art Leiter in der Seelenakademie „Ur-Kirche". Jede einzelne stellte sich ihr vor und gab ihr die Antworten zur Heilung mit. Aus Sicht der Dualität von hell und dunkel (jeder Kraft ist eine Gegenkraft zugeordnet) erweisen sich die Tugenden als die lichtvolle Seite. Die sogenannten Laster, die krankmachenden Lebensmuster (die Gegenkräfte), offenbaren sich Hildegard ebenfalls. So schrieb sie auf, wie diese Muster unser Leben, unsere Gesundheit negativ beeinflussen. Gott schenkt uns diese. Hierdurch dürfen wir erfahren, wie es sich anfühlt, entfernt von Licht und Liebe (Kälte und Dunkelheit) zu leben. Und dennoch ist Sein Licht immer in uns. Durch unseren Verstand und unser Ego gibt Gott uns „Instrumente", um Laster anzunehmen, sie zu spüren und mit ihnen zu leben. Geraten wir in ein Ungleichgewicht, sodass die Laster (Hass, Neid, Wut) an Stärke gewinnen, geben der Verstand, unsere Sinne, unser Körper Signale zur „Umkehr". Hier entscheiden wir, in welche Richtung es geht. Das Geschenk von Leben in all seinen Facetten gibt sich uns hin. Die Seelenakademie ist als eine Lichtform zu verstehen, die altes Heilwissen in sich trägt und durch deren Berührung unser innerer Arzt aktiviert wird. Die Ur-Kirche als Seelenakademie präsentiert sich als große Heilerin und Lehrerin, ein Ort, an dem Erlösung geschenkt wird, Wissen vermittelt wird, die Seelen auf ihre Reisen vorbereitet werden. Sie ist Trägerin der Seelenkräfte und Arbeitsstätte geistiger Lehrer. Jeglicher Schmerz ist hier zur Transformation willkommen. Schicht für Schicht wird reingewaschen. Unser gesamtes Körpersystem und unsere Energiefelder dürfen sich reinigen. Die Auswirkungen dieser Reinigung lassen uns tiefste Liebe, Vertrauen, Glauben, Barmherzigkeit in unseren Herzen wiedererfahren. Ein Ort der bedingungslosen Liebe für jeden einzelnen offenbart sich.

Über die Leiter der Seelenkräfte (Stufe für Stufe) gelangen wir schrittweise in die Freiheit zurück. Krankmachende Lebensmuster lösen sich auf. Dafür ist Mut gefragt, Einsicht und Vertrauen. Es ist eine Freiheit, die uns die Leichtigkeit des Daseins schenkt. Unser Lichtkleid (unsere Aura) erhält eine Stabilität (Schutz), die uns niedere äußere Umstände abprallen lässt. Der Weg in diese Stabilität ist mit vielen Prüfungen gespickt, aber begehbar. Die Seelenkräfte warten nur darauf, ihn mit uns gemeinsam zu gehen. Keine der Seelenkräfte stellt eine Wertung dar, sie sind reine göttliche Liebe und tief im Seelennetz verknüpft. Hildegard bezeichnet die Tugenden als starke „Arbeitskräfte" Gottes. Sie begegnen uns mit tiefer Wertschätzung und Kommunikation auf Augenhöhe. Wie Engel geben sie uns Impulse, ohne sich dabei auf ein Podest zu stellen. Sie sehen all das Göttliche in uns, aber auch unser Hadern als Mensch. Nichts macht sie glücklicher, als uns mit ihrer heilenden Liebe zu dienen und somit Gottes Liebe in eine noch größere Ausstrahlung zu bringen.

Hildegard beschreibt in ihrem Werk „Scivias" unter anderem sieben Tugenden als sieben Gaben des Heiligen Geistes. Hildegard sieht diese Tugenden als einen Turm von 4 Ellen Breite und 7 Ellen Höhe. Die Breite bilden die vier Elemente, die Höhe die sieben Gaben. Sie sieht die Vervollkommnung des Menschen durch die Tugenden, die Seelenkräfte. Eine starke Säule sollen sie sein in unserem Leben. Genau diese sieben Tugenden (von insgesamt 35) sind auf den nächsten Seiten beschrieben. Sie in unser Leben zu integrieren, erleichtert den Weg der Heilung und des inneren Wachsens und Wandels. Jede negative Konditionierung, jedes krankmachende Denk- und Verhaltensmuster wartet auf Auflösung, auf Umwandlung. Es ist eine Arbeit mit dem eigenen Innersten (unseren Schattenseiten), und hier warten schon die Seelenkräfte und Geistführer, um uns an die Hand zu nehmen. Charaktereigenschaften bauen sich oftmals wie eine Mauer auf und versperren den Weg. Muster vergangener Generationen gelangen immer intensiver ins Bewusstsein und das Gefühl von Fremdbestimmung zeigt sich uns. Der Weg ins eigene Ich, in unseren Ursprung, wartet darauf, betreten zu werden. Und hier bringt uns die eine oder andere Hürde ins Schleudern. Die Seelenkräfte dürfen aus ihrer Verbannung in uns befreit werden. Ihre Energien warten darauf, endlich wieder heilend auf uns einzuwirken. Geben wir ihnen die Möglichkeit dazu!

In den nächsten Kapiteln beschreibe ich genau diese sieben Seelenkräfte, die Hildegard als Tugenden aufzeigt. Ich möchte versuchen, die Sprache zu vereinfachen und so das negative Wertungsbild der Tugenden aufzubrechen. Die negativen Energien, die ihnen durch Moral aufgestülpt wurden, dürfen jetzt gelöst werden. Die Seelenkräfte sind an keinerlei Bedingungen gebunden, sie sind reine Liebe, genauso wie die Tugenden. Dennoch wurden die Tugenden in der Sprache über Jahrhunderte missbraucht (durch vorgegebene Werte und Bedingungen).

Teil 1 des Seelenprogramms
Arbeit mit den Seelenkräften

1. Seelenkraft Selbst-Wertschätzung (Tugend Demut)

In der Seelenkraft Selbst-Wertschätzung (Hildegards Bezeichnung = Demut) entfaltet sich die Königin der Tugenden. Die Demut präsentiert sich als das stärkste Fundament aller lebensbejahenden Muster im Menschen. Aber was verbirgt sich hinter dem Wort/Begriff Demut? Die Demut steht in starker Verbindung zu Achtung und Respekt Gott und sich selbst gegenüber. Demut heißt, in göttlicher Ordnung zu sein, Kommunikation auf Augenhöhe, den göttlichen Gesetzen zu folgen. Ich nehme mein Leben an, das Göttliche in mir. Ich schaue auf mein Leben. Was hat es mir zu bieten? Was darf ich erfahren, lernen? Wo besteht Bedarf für Veränderungen? Ich bin dankbar, mit diesem Leben, mit dieser Inkarnation, meiner Seele die Möglichkeit einer Weiterentwicklung geben zu können.

Die kraftvollen und heilenden Energien der Tugend-Begriffe sind durch die Moralpredigten zu einer Art leere Hülse geworden. Auf der einen Seite zeigen sich die Seelenkräfte mit ihren machtvollen Energien, auf der anderen Seite zeigen sich die vom Menschen „gemachten" Tugenden (Werte und Bedingungen). Heute schrecken wir doch eher vor dem Begriff Tugend zurück, als dass wir dahinter eine Seelenkraft vermuten würden. Hier ist es wichtig zu unterscheiden. Die Tugenden aus Sicht von Moral, als Machtmittel, erzeugen keine heilenden Kräfte. Ganz im Gegenteil, hier werden Abhängigkeiten erzeugt, auch die einer Prägung. Die Seelenkräfte aber erreichen uns auf ganzheitlicher Ebene und stärken unser gesamtes Energiesystem – innen und außen. Alle Körper (physisch, emotional, mental, spirituell) profitieren von ihnen. Sind die Seelenkräfte aktiv, gerät das Netzwerk in Bewegung. Diese Kräfte können Wunder bewirken. Festsitzende Energien geraten in Wallung und können sich endlich zeigen. So gelangen alte Wunden, alter Schmerz, krankmachende Verhaltensmuster ins Bewusstsein. Die heilenden Schwingungen können endlich ihre Arbeit erledigen. Nun ist jeder einzelne gefragt, diese Seelenkräfte für sich in Anspruch zu nehmen. Die eine Kraft wird von der anderen „mitgerissen", und das ganze Netzwerk beginnt zu tanzen. Es zeigt sich wie ein Freudentaumel, wie eine Befreiung aus einem Gefängnis.

Beten, das nicht aus dem Herzen heraus erfolgt, sondern nur vom Verstand her oder aus Pflichtgefühl, ist hohl, energie- und kraftlos. So eine Tat hat nichts mit Demut zu tun. Demut ist Hingabe zu mir selbst und meinem göttlichen Licht (meinen Seelenkräften) in mir, reine Dankbarkeit. Demut heißt: nicht kuschen, klein machen, betteln oder unterwerfen. Hier befinde ich mich völlig außerhalb der Demut, denn so zeigt sich die Opferrolle. Ich bin nicht in Einheit mit mir und meinem göttlichen Potential, meiner Seelenkraft. Aus der Demut können wir z. B. fallen, wenn wir aus der Kommunikation auf Augenhöhe geraten, wenn wir bewerten und urteilen. Aber auch ständiges Jammern und Kuschen zeugt nicht von Demut. Die Demut zeigt uns den Weg in die Selbst-Liebe. Sie erweist sich hier als große Lehrerin und öffnet uns das Vertrauen in unser lichtvolles Potential. Ihr Funke bringt dieses zum Leuchten. Jeder einzelne kleine und größere Schritt durch uns erfreut ihr Herz. Es ist reinste bedingungslose Liebe, die uns tief berührt. Das Annehmen von Krankheiten, Herausforderungen, neuen Aufgaben erweist sich als Türöffner zur Selbst-Liebe. Ich übernehme Verantwortung für mein Leben, meinen Seelenplan. So gelange ich in ein Gefühl von Sicherheit, von göttlicher Sicherheit. Alles ist in mir. Alles darf gesehen werden.

Demut lässt sich gut als dankbare Einheit von Gott und Mensch beschreiben. All das göttliche Potential in mir bringt mich in diese Einheit. Es gibt kein Warum mehr, nur noch das Annehmen, das Hinschauen, das Handeln. Das göttliche Potential in mir trägt all die Kraft und Energie, die ich für Veränderungen brauche. Zapfe ich diese Energiequelle an, öffnet sich ein Meer von Möglichkeiten. Auch wenn ich die Schritte allein gehen muss, bin ich nicht allein. Die Energiequelle in mir sowie die Seelenkräfte gesellen sich als ständige Begleiter hinzu. Ich erlebe wieder die Einheit von Himmel und Erde. Gott präsentiert sich uns nicht auf einem Podest.

Er kommuniziert mit uns auf Augenhöhe in reinster Liebe und schließt dabei niemanden aus. Er möchte gar nicht auf ein Podest gestellt werden oder dass wir vor Ihm knien. Er ist in uns. Respekt und Achtung sind die Werkzeuge dafür. Seine Wertschätzung ist eine

Energie, die immer wieder unsere Wertschätzung ins Licht stellt. Wie sehr freut Er sich, wenn wir unseren Wert sehen, fühlen, ihn zu schätzen wissen und somit auch den Gott in uns. Eine ganzheitliche Kommunikation ist eine authentische, die bis auf Seelenebene erfolgt. Man kann sie als Seelenkommunikation bezeichnen. Verstandes-, Emotional- und Seelenebene kommunizieren miteinander. Diese Art von Kommunikation ist wieder zu erlernen. Es erfolgte zu einer Zeit eine Trennung, eine Abstufung auf Verstandesebene (Bewertungen, Denken in Schubladen, Beweise). Die emotionale Ebene wurde vernachlässigt und kaum noch miteinbezogen.

Die **Demut** (als erste der sieben Tugenden einer Säule – so Hildegard von Bingen) fordert uns auf, „auf die Niedrigkeit des Fleisches zu schauen" und dann „mit freudigem und ruhigem Herzen stufenweise von Tugend zu Tugend fortzuschreiten", dabei keinen Schritt zu überspringen, sondern an der Wurzel zu beginnen.[1] Was versteht Hildegard unter Niedrigkeit des Fleisches? Es sind all die schmerzhaften Erinnerungen, Verletzungen, Hassgedanken, Selbstverleugnungen, aber auch Gier, Missgunst, Ich-Bezogenheit, Askese usw., die in unseren Zellen als Energie sitzen. Hildegards Sprache fühlt sich manchmal hart an, aber wir dürfen nicht die Zeit vergessen, in der sie lebte. Die Menschen brauchten genau diese Begrifflichkeiten, denn sie passten in die damalige Sprache der Institution Kirche. Auch heute spüren wir, dass es Phasen in unserem Leben gibt, in denen in uns das Gefühl des Feststeckens aufkommt. Wir holen uns Rat und schaffen es dennoch nicht, aus unserem Denkmuster oder dem sog. Hamsterrad auszusteigen. Die belastende Energie hält uns gefangen und wir geben uns ihr hin – es ist eine schwere Zeit für unsere Seelenkräfte. Gerade jetzt ist ein ehrliches Wort angesagt. Dies kann auch mal schmerzen, aber dieser „kleine Tritt" bewirkt Wunder, wenn wir danach unseren inneren „Schweinehund" überwinden. Plötzlich gelangen die Energien in

---

1 (Hildegard von Bingen Wisse die Wege, Liber Sciviais, Herausgegeben von der Abtei St. Hildegard, Eibingen, Beuroner Kunstverlag, 2. Auflage 2012, Seite 406)

Bewegung, und es geht weiter. Wir finden wieder Lösungen. Die niederen Energien transformieren sich in lichtvolle Energien. Das Herz strahlt wieder. Es sieht unsere Bereitschaft zur Veränderung. Die Demut als Seelenkraft nimmt uns an die Hand und führt uns ins Licht. Diese einzigartige weibliche Seelenkraft kennt den Weg. Altes darf gehen, Neues zeigt sich. Ein Glücksgefühl entspringt unserem Herzen. Das große Geschenk Gottes besteht unter anderem auch darin, dass wir jederzeit in diese Prozesse der Veränderung starten dürfen, auch wenn es nicht sofort gelingt. Wichtig ist, nicht aufzugeben. Aus alten belastenden Mustern dürfen neue lebensbejahende Muster entstehen. Eine Schulung in der Seelenakademie ist unumgänglich. Unsere Geistführer und spirituellen Lehrer reichen uns jederzeit die Hand.

Jede Stufe ist als ein Entwicklungsschritt zu sehen. Mit jeder Stufe der Transformation erreichen wir mehr Lebensfreude. Was heißt das im Einzelnen? Jeder einzelne Schritt zeigt uns, was noch nicht gesehen wurde oder auch noch nicht gehört, gespürt, gefühlt werden konnte. Alte Muster klopfen immer wieder an und fordern uns heraus. Gott ermahnt und ermuntert uns gleichzeitig. Das nehmen wir unter anderem über unsere Sinne wahr. Die Erkenntnis von Gut und Böse liegt in uns. Gut und Böse sind hier mit hell und dunkel (höherschwingenden oder niedrigschwingenden Energien – krankmachenden oder lebensbejahenden Mustern) zu vergleichen – bleibe ich stehen oder gehe ich weiter. Die Entscheidung treffen wir allein mit unserer Einsicht und dem Verstand. Die Gefühle entpuppen sich als Impulsgeber.

Auf der Leiter der Tugenden – so wie Hildegard sie sehen durfte – kommen wir mit Schmerz in Berührung, der alte Wunden und Traumata aufbricht. Hier arbeiten die Seelenkräfte im „Hintergrund". Sie lassen die Wunden aufsteigen. Jeder von uns kennt ihn, den Schmerz. Er zeigt sich in Form von Selbstkritik, Selbstironie, negativer Sicht z. B. auf die Kindheit oder auch Fehler der Eltern. Gerade Ereignisse aus der Kindheit gelangen ins Bewusstsein, das innere Kind wünscht sich Frieden, Erlösung oder auch Vergebung. Es möchte gesehen und gefühlt werden. Wie oft streckt es seine Hände aus und wartet darauf, in den Arm genommen zu werden? All die Ängste in ihm erschweren seine Leichtigkeit, die Unbeschwertheit eines Kindes. Es sehnt sich nach Heilung und wird sich immer wieder bemerkbar machen. Geben wir uns und ihm die Chance für die nötigen Transformationen. Gerade wenn uns die eigene Kindheit ein glückliches und unbeschwertes Kind-Sein versagte, erinnert uns das innere Kind an sein Dasein, an Leichtigkeit und Einfachheit. Nur so kann es gedeihen, befreit werden, in und mit uns leben. Wir tragen es immer in uns.

Dann heißt es, diese Wunden zu fühlen, sie zu sehen, sie auch mal in den Arm nehmen. Diese Wunden möchten berührt werden, liebevoll gestreichelt sein, damit sie gehen können. Ihr Schattendasein darf sich auflösen. Um Angst, Wut, Hass abzulegen, ist es wichtig, diesen Energien Aufmerksamkeit zu schenken, das heißt sie ohne Verurteilung zu sehen. Sie zu verdrängen, erhöht das Leiden. Dann kann die eigentliche Heilarbeit beginnen. Die Seelenkräfte stärken uns in diesen Momenten. Ohne diesen Schritt verdrängen wir diese und schieben sie in eine Ecke, ohne dass sie uns verlassen können. Zu gegebener Zeit werden sie sich wieder zeigen.

Durch das Hinsehen kann sich Heilung entfalten. Das fällt nicht immer leicht, weil viele Wunden auch aus eigenem Verhalten entstanden. Hier bedarf es oftmals Mut und die Bereitschaft zur Vergebung. Jeder von uns wurde und hat verletzt. Die Verletzungen anderer uns gegenüber sehen wir eindeutig, aber die, die wir anderen zugefügt haben, sind oftmals gut versteckt. Hier gelingt es uns auch noch, diese Verletzungen zu rechtfertigen. So zeigt sich die eigentliche Hürde. Rechtfertigung verhindert Vergebung und Versöhnung und lässt die Wunde sich nicht vollständig öffnen. Die heilende Energie der Seelenkraft trifft sie in unzureichender Intensität. Das Jammern hört nicht auf. Aber das Hinschauen ist wichtig. Wo Opfer, da auch Täter. Hinter jedem Opferbewusstsein steckt auch ein Täterbewusstsein. Die Demut weiß um diesen Zusammenhang und lässt ihn uns in ihrer ganzen Liebe erkennen. Dieser Prozess kann sehr viel Zeit in Anspruch nehmen. Die Taten sind sehr unterschiedlich. Missbrauch auf allen Ebenen ist hier oftmals zu finden. Beklage ich ständig meine Opferrolle, offenbart sich letztendlich eine Form von Missbrauch meinerseits, um Anerkennung zu finden. Das Jammern raubt Energien auf beiden Seiten – mir und meinem Gegenüber. Ich stecke fest und verharre in diesen belastenden Mustern. Hier ist es wichtig, ehrlich zu sein, um aus diesem Kreis herauszufinden. Beginne ich aus Liebe zu handeln, aus Liebe zu mir selbst und meinem Gegenüber, bricht die Wunde auf. Eine Transformation kann stattfinden. Die Selbst-Wertschätzung als Lehrerin führt uns genau in diese Transformation, in die Wundheilung. Der Samen eines inneren Friedens ist gelegt und der Wachstumsprozess beginnt.

Heilung ist auf ganzheitlicher Ebene erforderlich (seelisch, geistig, mental, emotional, körperlich, psychisch). Einen wichtigen Stellenwert nimmt die Seelenheilung ein. Hildegard erkannte dies. Solange die Seele wund ist, sind es auch Körper und/oder Psyche. Es wäre eine Symptombehandlung, die die Ursache nicht entfernt. Die Verletzungen der Seele wiegen schwer und erfordern intensive Heilarbeit. Die Selbst-Wertschätzung stellt sich hier als Basis zur Verfügung, als Anfangspunkt jedes Heilungsprozesses. Sie ist das Fundament, auf dem jeder Schritt aufbaut. Diese Wurzel in Hildegard ließ sie immer wieder aufstehen und weitermachen. Sie beherbergte all ihre Fähigkeiten zum Glauben, Vertrauen und zur Liebe. Die Energiefresser versuchten Hildegard dieser Wurzel zu berauben, aber es gelang ihnen nicht. Die Demut/Selbst-Wertschätzung ließ es nicht zu, sie ließ all die anderen Seelenkräfte in Hildegard heimisch werden und ein Netz der Liebe in ihr entstehen.

Hildegard erkannte auch den Missbrauch der Tugenden in Bezug auf Wertung und Bedingung. „Übe dich in Demut", hieß es täglich. Aber diese Form von Demut erhielt ein unterdrückendes menschliches Kleid. Hinknien oder auf den Boden legen als falsch verstandene Demut brachte keinerlei Heilung. Hier ging es nur um Ausübung von Macht, hinter der sich letztendlich eigene Ängste verbargen, Ängste, von Gott bestraft zu werden oder auch nicht genügend Anerkennung zu erhalten, letztendlich handelte es sich um Mangeldenken. Es ähnelte einem Peitschenhieb, der verletzte. Hier wurde in sträflicher Weise hierarchisches Denken eingesetzt und somit das Ego kräftig gefüttert, so entstanden Abhängigkeit und Unterwürfigkeit. Diese „Prediger" strotzten nur so vor Hochmut und Forderungen. Ihre Peitschen knallten im Stundentakt. Nur eine starke Persönlichkeit blieb hier aufrecht, auch wenn es oftmals nur im Inneren verborgen blieb. Dieses Erbe ist auch heute noch ausgeprägt zu finden. Die große Aufgabe besteht im Beenden des Machtmissbrauchs der Tugenden und somit auch der Seelenkräfte.

Erfahrungsbericht:
Eine Klientin erzählte mir, wie sie immer wieder genötigt wurde, am Sonntag in die Kirche zu gehen. Sie spürte oft ein großes Unbehagen und eine Form von Unehrlichkeit. Das Beten fiel ihr schwer, die vorgefertigten Texte erreichten nicht ihr Herz. Es erschien ihr wie eine Pflichtübung, die sie nur noch belastete und ihren Glauben schwächte. Als Erwachsene kämpft sie immer noch mit diesen Gefühlen der Wut und Ohnmacht. Durch mehrere Heilsitzungen kamen wir auch in andere Inkarnationen. Hier fand sie sich als Prediger wieder. Sie gab die „Befehle" zum Beten und nutzte ihre Macht aus. Starke Schuldgefühle quälten sie noch heute. So konnte sie auch ihrer Mutter den Wunsch, sonntags in die Kirche zu gehen, nicht abschlagen. Zwei Seelen brannten in ihrem Herzen. Sie diente zwei Herren. Diese Gefühle konnte sie allein nicht auflösen. Sie fühlten sich wie eingebrannt an. Wir gingen unter anderem in die Vergebungsarbeit, Vergangenheitsbewältigung, Auflösung von Schuldgefühlen, Anerkennen aller Gefühle, um so nach und nach diese Schwere aufzulösen. Viele Tränen flossen, der Lohn hieß Freiheit. Sie ging letztendlich selbst in die Heiler-Ausbildung. Hier erfuhr sie, dass auch ihre Ahnen auf eine Aufarbeitung verschiedenster Themen warteten. Diese ging sie mutig an. Heute ist es ihr wieder möglich, friedvoll in eine Kirche zu gehen. Ihre Gebete erreichen Gott aus dem Herzen heraus. Ihre Seelenkräfte gehen Hand in Hand mit ihr. Sie erlernte ihre Art von Seelenkommunikation.

Hilfsmittel – Tagebuch

Das Schreiben von Tagebüchern gewinnt wieder an Zuspruch. So wäre hier das Erstellen eines Tagesbuches **„Die Wiederentdeckung meiner Selbst-Liebe"** eine gute Variante. Es sind keine langen Texte erforderlich. Wichtig ist die Aufzeichnung des sogenannten Ist-Zustandes. Hier kann ich hinschauen, was mich in meinem Leben unzufrieden macht, worüber ich mich ärgere, wie ich andere Menschen verletze. Wichtig ist, auch in die Vergangenheit zu schauen. Welche Verletzungen trage ich noch mit mir herum? Wann wurde ich durch wen verletzt? Wen habe ich wie verletzt? Wie verletze ich mich selbst? Der aufgeschriebene Ist-Zustand bietet die Möglichkeit, die „Entdeckungsreise" zu beginnen. Ich schaue auf das Jetzt und gebe so dem Morgen eine Grundlage zur Veränderung, zum Wandel. Es ist mein eigener Wandel in mir zu meinem Ich. Als ersten Schritt nehmen Sie alles ins Tagebuch auf, was Sie unzufrieden macht.

Schreiben Sie Ihre Fragen auf die linke Seite und die Antworten auf die rechte Seite, wie im Beispiel unten. Zu jeder Antwort fügen Sie Ihre Emotionen und Gefühle hinzu.

Notieren Sie auch, was Sie an sich selbst als störend empfinden. Das können bestimmte Gedanken sein, Verhalten in bestimmten Situationen, ein negativer Sprachgebrauch oder auch das Gefühl von Ohnmacht. Auch der Blick in den Spiegel verrät einiges. Welche Gedanken tauchen dann auf? Über wen regen Sie sich noch auf? Worüber an diesem Menschen ärgern Sie sich? Alles ist wichtig, um wiederkehrende Muster zu erkennen. Seien Sie nicht traurig, wenn sich hier viele Seiten füllen.

Unzufriedenheit

Ich bin unzufrieden:	(Beispiele)
In der Arbeit	Das Kommandieren meines Chefs, (nervt, ärgert mich, komme mir vor wie ein kleines Kind)
In der Partnerschaft	Ständiges Diskutieren, zu wenig Nähe
Bei den Kindern	Unpünktlichkeit
An mir selbst	Nicht sagen zu können, was ich sagen will. (Gefühl von Ohnmacht und Hilflosigkeit)
Bei den Eltern	Behandeln mich wie ein Kind …

Durch die Aufzeichnung des Ist-Zustandes besteht die Möglichkeit, in gewissen Abständen eine Inventur einzuräumen und Bilanz zu ziehen. Schauen Sie wöchentlich (ein fester Tag) hin, bei welchem Thema Sie Veränderungen vornehmen konnten (egal, ob groß oder klein). Ehrlichkeit ist die beste Voraussetzung, auch wenn sie schmerzt. Waren Veränderungen möglich, markieren Sie auf Ihrer Liste diese mit positiven Zeichen wie z. B. mit einer Blume, einem Smiley. Positive Ergebnisse notieren Sie sich so, dass Sie Ihnen ins Auge fallen. Der Faktor, Fortschritte erzielt zu haben, ist mit besonderer positiver Aufmerksamkeit zu markieren. Seien Sie stolz, wenn Punkte abgehakt werden konnten. Schritt für Schritt gehen Sie weiter. Dieser Stolz darf nicht mit Hochmut verwechselt werden. Rühren seine Energien aus der Herz-Ebene heraus, bleibt das Ego außen vor.

Beispiel:

In der Partnerschaft	Kommunikation: wenn mir etwas nicht gefällt, druckse ich herum (erzeugt Wut) Es ist mir nach langer Zeit geglückt, mit meinem Partner über … zu sprechen. Ich war nervös, spürte aber im Nachhinein, dass das Wutgefühl kleiner wurde.

Ist es Ihnen gelungen, mit dem Partner offen und ehrlich zu sprechen, sind Sie einen großen Schritt gegangen. Notieren Sie sich dieses Ereignis, auch wenn es klein erscheinen mag. Wiederholt sich diese Form von Kommunikation, wirkt sich das positiv auf die Partnerschaft aus. Die Unzufriedenheit baute sich unter anderem durch das Nichthandeln auf. So brodelte es im Innern und ließ Selbstzweifel entstehen. Dabei ist es wichtig zu erkennen, dass Selbstzweifel und ständige Unzufriedenheit auch an der eigenen Wertschätzung und Gesundheit nagen.

Heilstein-Kreis: Amethyst und Rauchquarz

Zur Unterstützung bei Veränderungen bietet uns Hildegard von Bingen **Heilsteine** an. Ihre Schwingungen übertragen sich in Sekundenschnelle positiv auf uns und wirken auf ganzheitlicher Ebene. Pure Heilenergie durchströmt unseren Körper und unsere Energiekörper. Die Seele wird berührt und streckt ihre Arme wie Energieäste aus, die uns den nötigen Schwung geben, der uns seit vielen Inkarnationen bekannt ist. Sie lässt uns wiedererkennen. Das Netz der Seelenkräfte beginnt zu pulsieren.

So schreibt Hildegard über den Amethysten: „Der Amethyst wächst, wenn die Sonne ihren Ring zeigt, als ob sie bekränzt wäre, und das tut sie, wenn sie ankündigt, dass eine Veränderung im Gewand des Herren ... geschieht ..."[2]

Ist doch passend für die jetzige Zeit der großen Veränderungen. Der Amethyst trägt die einzigartige Kraft in sich, den Willen zu Veränderungen in uns zu wecken und den Mut dafür aufzubringen. Dieser Stein berührt insbesondere das Scheitel- oder Kronen-Chakra, ein Energiezentrum, das für Spiritualität steht. Durch das Tragen des Amethysten als Kette, Armband oder auch als Trommelstein in der Tasche öffnen sich unsere spirituellen Fähigkeiten. Das Bewusstsein zur Transformation (Umwandlung/Veränderung) präsentiert sich von innen heraus. Wir wissen um Kräfte, die wir nicht sehen, aber fühlen können. Sie sind in uns und treiben uns jetzt an, Veränderungen vorzunehmen. Hildegard gab mir zu jedem Stein Informationen, für die ich sehr dankbar bin.

Der Begriff der Spiritualität ist immer noch mit Negativität behaftet, dabei ist das Wort „spirituell" von „spiritus" (lateinisch für Geist) abgeleitet. Es lässt sich übersetzen als: Das Geistige, das Gött-

---

2 Hildegard von Bingen Heilsame Schöpfung – die natürliche Wirkkraft der Dinge – Physica, Herausgegeben von der Abtei St. Hildegard, Eibingen, Beuroner Kunstverlag, 1. Auflage 2012, Seite 272, 4.15 Amethyst

liche betreffend. Jeder Mensch ist spirituell veranlagt, jeder trägt Göttliches in sich. Wird Spiritualität verunglimpft, erniedrigen sich diese Menschen selbst und erkennen ihr göttliches Potential, ihre eigene Größe nicht an.

In einer Meditation kann der Amethyst gerne auf das Scheitel-Chakra gelegt werden, es reicht auch aus, ihn auf der Haut zu tragen – zum Beispiel als Anhänger, Kette oder Armband. Die Energien zeigen ihre Wirkung. Da in Zeiten großer Transformation auch Träume häufiger vorkommen, ist es ratsam, einen Trommelstein unter das Kopfkissen zu legen. Die Träume verarbeiten sich schneller, und der Schlaf wird ruhiger.

Hildegard sieht in ihren Visionen die Ur-Kirche als ein Lebewesen, ein Heilzentrum. Das Potential der Ur-Kirche nimmt an Intensität zu und erreicht wiederum unser eigenes Heilpotential. Wir sind mit ihm verbunden, diesem himmlischen Wesen der Ur-Kirche, der Seelenakademie. In ihr finden die Tugenden, die Seelenkräfte, ihr Zuhause. Ihre Energie von bedingungsloser heilender Liebe erreicht uns täglich als Geschenk. Einen Teil der Energie trägt der Amethyst in sich. Nach dem Gesetz der Resonanz kann Liebe nur Liebe anziehen. Mutter Maria als der Spiegel der Ur-Kirche verwöhnt uns mit ihren heilenden Kräften, ihren mütterlichen Eigenschaften – den Seelenkräften.

Unser Wille spielt uns oftmals noch einen Streich. „Geführt" vom Ego fordert er immer mehr. Dieser Zustand bringt uns in ein Ungleichgewicht und beeinflusst unsere Psyche. Der innere Frieden ist gestört und kann sich nicht entfalten. Letztendlich öffnet sich der Perfektionszwang und ein Suchtpotential entsteht. Geben wir dem Ego ständig nach, geraten wir in den sogenannten Teufelskreis von „immer tun zu müssen". Hildegard gibt mir hierzu in einem Channeling zwei Steine an die Hand, die unseren Willen positiv beeinflussen. Ich gebe diesem Thema den Titel „Heilstein zur Hingabe und zum Vertrauen im Sinne von: Herr, nicht mein, sondern nur Dein Wille geschehe." Hier erfahre ich, dass der **Rauchquarz** diese Kräfte besitzt. Er bringt uns direkt in Gottes Arme, gibt uns die Kraft, uns Gott als Mutter-Vater-Gott anzuvertrauen. Sein Wille verschmilzt mit unserem Bewusstsein, mit unserem Solarplexus, unserem Machtzentrum. Legen wir diesen Stein auf den Bereich des Solarplexus (ca. 30 min.), verändert er positiv unseren Willen. Es gelingt uns, uns der göttlichen Führung hinzugeben. Die Ego-Energien des ständigen Haben-Wollens und Forderns geraten in Auflösung. Der göttliche Wille fließt frei und führt uns. Hier ist es wichtig, diese Übung 6 Tage nacheinander durchzuführen. In dieser Zeit kann es unter anderem zu vermehrtem Schwitzen kommen, auch die Magengegend kann sich mit einem Pieken bemerkbar machen. Das sind Heilreaktionen.

Es ist aber auch möglich, sich in einen **Steinkreis aus Rauchquarz und Amethysten** zu setzen und zu meditieren. Hier erreichen die Energien zusätzlich das Scheitel-Chakra und ebnen den Weg für Vertrauen und Klarheit. Das Ego wird ins friedliche Dienen „versetzt". Ein Prozess großer Transformation setzt ein. Wichtig ist das Trinken von reichlich Wasser in dieser Zeit. Die Meditation sollte einmal wöchentlich erfolgen und kann über einen längeren Zeitraum (ca. 3 Monate) wiederholt werden.

Meditation mit der Seelenkraft Selbst-Wertschätzung

Setzen Sie sich bequem hin, es muss nicht der Lotussitz sein. Atmen Sie dreimal tief ein und aus. Machen Sie sich bereit, auf eine Heilreise zu gehen. Den reinen Text der Meditation schreibe ich in Du-Form.

Begib Dich gedanklich auf eine große Wiese oder ein Feld. Bleib stehen und genieße den frischen Duft und die Weite. Du bist allein dort, Stille umgibt Dich. Aus der Ferne siehst Du eine Lichtgestalt, die auf Dich zukommt. Sie nähert sich sanft und liebevoll. Strahlen von Wärme erreichen Dich. Die Lichtgestalt zeigt sich in den schönsten Farben, umgeben von einem goldenen Licht. Je näher sie kommt, desto mehr erkennst Du eine weibliche Gestalt wie die eines Engels. Es ist die Seelenkraft Selbst-Wertschätzung (Tugend Demut), die Dich nun liebevoll begrüßt und Dir die Hand reicht. Das Gefühl von Güte und Geborgenheit darf aufkommen. Die Selbst-Wertschätzung bittet Dich, mit ihr zu gehen und schon nach kurzer Zeit offenbart sich ein Tempel. Vor dem Tempel bleibst Du stehen und plötzlich siehst Du, es ist der Heiltempel der Ur-Kirche, der alle Seelenkräfte in sich birgt. Die Selbst-Wertschätzung öffnet Dir die Tür und ihr beide betretet diesen heiligen Tempel. Er ist gefüllt mit Licht in pastellfarbenen Tönen.

Die Selbst-Wertschätzung bittet Dich in einen Raum und steht Dir gegenüber. Du legst Deine Hände in ihre. Die Heilzeremonie beginnt. Strahlen der Liebe gelangen in Dein Herz und finden Deine Wunden, die sich dort verstecken. Das heilende Licht bringt Dich zu einem Ereignis, welches Dir Schmerz bereitete. Du kannst dieses Ereignis erkennen und fühlst ihn, den damit verbundenen Schmerz. Du bist mutig genug, ihn zu sehen, zu fühlen, ihn zuzulassen. Die Energie des Schmerzes erhält Deine Aufmerksamkeit und gelangt in Bewegung.

Nun bietet sich Dir die Gelegenheit, diese Energie an die Seelenkraft abzugeben, damit sie in Liebe transformiert werden kann. Sollten noch einmal Tränen oder ein körperliches Unwohlsein auftauchen, lass dies zu. Diese Heilzeremonie dauert nur ein paar Minuten. Die Kraft der Selbst-Wertschätzung und die Energien des Heiltempels ermöglichen eine großzügige Auflösung. All die schmerzvollen Energien verwandeln sich in Licht, und Du bist bereit, dieses heilende Licht in Dein Herz zu lassen. Da wo einst der dunkle Schmerz saß, ist jetzt Platz für helles heilendes Licht. Die Selbst-Wertschätzung hält Deine Hände.

Nachdem das Licht den Platz in Deinem Herzen eingenommen hat, verlasst ihr beide diesen Raum. Im Heiltempel der Ur-Kirche präsentieren sich Dir die anderen Seelenkräfte. Sie überschütten Dich mit Liebe. Sie öffnen in Dir die Herzkammer der Liebe. Das Licht, das aus dieser Kammer strömt, steht Dir ab jetzt täglich zur Verfügung. Sie möchten, dass Du den begonnenen Weg weitergehst und zu gegebener Zeit in den Heiltempel wiederkommst. Sei bereit, jede einzelne Seelenkraft kennenzulernen. Nimm Dir Zeit! Nachdem sich Dir alle vorgestellt und Dir ihre Hilfe zugesichert haben, bedankst Du Dich bei ihnen und ihr verabschiedet euch.

Die Seelenkraft Selbst-Wertschätzung bringt Dich zurück auf die Wiese, auf das Feld und auch ihr sagt euch für heute „Auf Wiedersehen". Sie bietet sich Dir als Lehrerin an und reicht Dir noch einmal ihre Hand. Der erste Schritt ist getan. Ihr habt euch nach sehr langer Zeit wiedergetroffen. In Liebe geht die Seelenkraft ihren Weg zurück in ihren Tempel. Du schaust noch einmal auf die Weite der Natur und nimmst dieses Gefühl mit nach Hause. Atme bitte noch einmal tief ein und aus und kehre zurück. Fühle in Dein Herz und vielleicht kannst Du in Deinem Tagebuch schon ein paar Punkte abhaken. Danke für Deinen Mut, diese erste Reise mitzugehen. In Liebe – Deine Seelenkraft Selbst-Wertschätzung (Tugend Demut).

Diese Meditation können Sie bei Bedarf gerne wiederholen. Das Tagebuch eignet sich als gute Unterstützung für jedes einzelne Thema.

Sie können sich diesen Text als Sprachmail sprechen oder einen Freund/eine Freundin bitten, ihn für Sie ruhig vorzulesen.

Sie haben auch die Möglichkeit eines Gebetes mit der Seelenkraft Selbst-Wertschätzung (siehe nächste Seite).

Gebet zur Arbeit mit der Seelenkraft Selbst-Wertschätzung

„Seelenkraft Selbst-Wertschätzung, ich habe Sehnsucht, von dir als Mutter umarmt und berührt zu werden. Bitte hilf mir, mein heilendes Fundament wieder anzunehmen und mich innerlich mit freudigem und ruhigem Herzen von Seelenkraft zu Seelenkraft aufzurichten. Lass mich an der Wurzel beginnen und behutsam mit dem Aufrichten vorgehen. Gib mir den Mut und die Kraft, meine Wunden und krankmachende Muster zu erkennen. Löse sämtliche Schuldgefühle in mir auf. Entferne all die festsitzenden Energien, die mich an einer Vergebung hindern. Öffne die Tür zu meinen Seelenkräften, sodass eine Kommunikation mit ihnen auf Augenhöhe wieder möglich ist. Gib ihnen Deine Energie zur Transformation und lass den Prozess jetzt beginnen. Danke.“

Dieses Gebet bitte 3 Tage nacheinander sprechen. Dann gönnen Sie sich einen Tag Pause und sprechen das nächste Gebet „Selbst-Liebe" für 3 Tage und räumen sich dann wieder einen Tag Pause ein. So verfahren Sie mit allen sieben Seelenkräften. Sieben Wochen sind dafür vorgesehen. Eine Kerze darf gern dazu genommen werden oder auch ein Bild eines weiblichen Engels, einer schönen Frau (vielleicht Ihr eigenes Foto – seien Sie mutig).

Heilsteine Aventurin, Jaspis, Friedensachat

Hier bieten sich der **grüne Aventurin**, der **rote Jaspis** und der **weiße Friedensachat** an. Diese können z. B. als Wassersteinmischung in eine Entgiftungskur eingebunden werden. Die Steine werden in eine Wasserkaraffe gelegt, diese wird mit 1,5 Liter Wasser befüllt. Dann bleibt das Wasser 2–3 Stunden stehen oder über Nacht. Danach kann das Wasser über den Tag verteilt getrunken werden.

Eine weitere Möglichkeit wäre, diese drei Steine als Kreis auf die Erde zu legen, sodass ich im Sitzen meine Füße genau in diesen Kreis stelle. Es findet so eine Anbindung an die Wurzel statt. Ich erhalte die Kraft und Bodenständigkeit, meine Ziele umzusetzen und mit den weiteren Seelenkräften zu arbeiten. Ein einzigartiges Fundament baut sich auf. Ich nehme mir die Zeit der Stille (ca. 25–30 min. – einmal wöchentlich), bleibe sitzen und lasse geschehen, das heißt ich ruhe.

Aufgabenzusammenfassung
1. Seelenkraft Selbst–Wertschätzung

1. Anlegen eines Tagebuches „Wiederentdeckung meiner Selbst-Liebe" mit der Aufzeichnung der Punkte zur Unzufriedenheit
2. Arbeiten mit dem Heilstein 6 Tage
3. Meditation 1 Tag (danach nach Bedarf)
4. Arbeiten im Heilsteinkreis aus Rauchquarz/Amethyst 1x/Woche für 3 Monate
5. Gebet mit der Seelenkraft 3 Tage
6. Arbeiten mit dem Heilsteinkreis und den Füßen 1x/Woche für 3 Monate

2. Seelenkraft Selbst-Liebe (Tugend Liebe)

Die 2. Tugend (Seelenkraft), die Hildegard beschreibt, ist die **Liebe**. Die Aufgabe dieser Seelenkraft ist es, uns Menschen den Weg ins Licht zu ebnen. Die Liebe dringt bis in die kleinste Zelle vor. Sie weiß und spürt, wie weit sich der Mensch schon für sie öffnen kann. Jede kleinste Öffnung in ihm nimmt sie wahr und strahlt mit ihrer Kraft hinein, sodass ihre Energie sich im Menschen bis zum Herzen ausbreiten kann. Hildegard sieht die Liebe in hellblauer Farbe leuchten, wie einen Hyazinthen. Als Vergleich führt sie auf, dass Jesus die Menschen erleuchtet hat. Die Tunika der Liebe (ihr Gewand) zeigt zwei Streifen, zwei Liebesgebote – den guten Willen und gerechte Werke. Die Länge der Streifen – bis zu den Füßen – steht für Selbst- und Nächstenliebe.

Die Selbst-Liebe ist Voraussetzung für unsere Heilung – die Liebe zu mir, zu meinem Göttlichen in mir und auch zu dem, was vielleicht in mir Schuld- und Schamgefühle auslöst. Dennoch gehören sie zu mir, und ich weiß, ich kann sie über die Liebe heilen. Nun gibt es auch bei dem Begriff der Selbst-Liebe vielerlei Auffassungen und Muster, die uns davon abhalten, unser Selbst zu lieben. Du darfst Dich nicht lieben – heißt es – sonst bist Du egoistisch. Erst die anderen, dann ich. Hier werden Ego- und Herzenergien in einen Topf geworden. Es findet keine Unterscheidung statt. Selbst-Liebe aus dem Herzen heraus lässt uns unsere Seelenkräfte stärken und füllt unser Energiedepot auf. Will ich mich selbst lieben, um andere zu unterdrücken oder mich explizit voranstellen, ist das Ego mit im Spiel. Hier wallen Machtkämpfe in uns auf, die mit dem göttlichen Selbst nichts gemein haben. Das Selbst (das göttliche Ich-bin) in mir zu lieben, ist Voraussetzung für Gesundung, aber auch mich als Menschen mit allen Stärken und Schwächen anzunehmen.

Die Selbst-Liebe als unser inneres Heiligtum zu erkennen, kann nur in Glückseligkeit enden. Mit der Selbst-Liebe begebe ich mich in die Liebe zu meinem Selbst. Dieses Selbst besteht zugleich aus himmlischen und irdischen Teilen: Göttliches und Menschliches,

Himmel und Erde. Es gibt hier keine Trennung. Unser Weg der Selbst-Meisterung beschreibt die große Aufgabe des Menschen: das Selbst erkennen, sehen, fühlen und annehmen, bis hin zur Selbst-Liebe. Dieses großartige Geschenk Gottes anzunehmen ist Seine Aufgabe an uns. In jedem Moment streckt Er uns seine Hände aus, versorgt Er uns mit heilender und kraftvoller Energie, beflügelt Er uns mit Seiner Liebe, Seinen Zeichen auf unserem Weg. Die heilende Mutter-Vater-Energie ist in uns verankert und somit das Gefühl von fürsorglichen Eltern, die um die Stärken und Schwächen ihres Kindes wissen. Wir sind niemals allein. Sie sind in uns in jeder Minute. Sie wirken von innen heraus. Die pulsierende heilende Energie darf sich aufbäumen und Impulse geben. Diese innere Kraft versiegt nie und bahnt sich ihren Weg. Sie bricht unsere Wunden auf und gibt uns all das Wissen zur Heilung. Alte Muster der Selbstbestrafung, Selbstsabotage, Diffamierung sind aus der Nähe zu betrachten und in die Hand zu nehmen. Hier wäre es hilfreich, das Tagebuch mit der Bereitschaft von Liebe zu segnen.

Dafür kann ich die Seelenkraft Selbst-Liebe bitten, das Tagebuch zu segnen: *„Seelenkraft Selbst-Liebe, bitte segne mein Tagebuch. Ich lege meine Erfahrungen in Deine heilenden Hände. Alles darf sich jetzt zeigen, denn ich weiß, Du bist bei mir. Danke.“*

Das Wort Tugend durch Seelenkraft zu ersetzen, löst heilende Energieflüsse aus. Vielleicht fällt es dem einen oder anderen so leichter, diese Energien anzunehmen, in sich zu erkennen. Viele Seelen waren und sind im System Kirche involviert, und noch längst sind nicht alle Muster, alle Verbindungen und Gelübde energetisch gelöst. Sehen sie den Begriff Tugend immer noch aus der Morallehre heraus (an Bedingungen geknüpft), ist es den Seelenkräften nicht in vollem Umfang möglich, dem Menschen Unterstützung angedeihen zu lassen. Die schweren Moralenergien belasten das Netz der Seelenkräfte. Hier besteht Handlungsbedarf. Dem Selbst gelingt es nicht, seine Flügel auszustrecken, ihm fehlt ein Teil der Energien der Seelenkräfte.

Schauen Sie sich noch einmal an, was bereits im Tagebuch geschrieben ist, den sogenannten Ist-Zustand, und ergänzen ihn, wenn nötig. Der **Rosenquarz** als Stein der Liebe steht Ihnen hilfreich zur Seite. Legen Sie das Tagebuch in einen Kreis, bestehend aus Rosenquarz-Steinen, finden Energien der Liebe den Weg in den geschriebenen Text. Legen Sie noch ein Foto von sich dazu und nehmen Sie täglich einen Rosenquarz in die linke Hand, verstärken Sie den Heilungsprozess. Auch das Tragen eines Rosenquarz-Armbandes, Anhängers oder einer Kette stellt sich als fördernd heraus. Sind Sie im Reiki eingeweiht, intensivieren Sie den Prozess der Heilung des Selbst mit Heilenergien. Hier möchte ich erwähnen, dass das Arbeiten mit Heilenergien einer Initiation durch einen Lehrer bzw. Meister bedarf, um den nötigen Schutz zu erhalten. Die Möglichkeiten des Kartenlegens, Pendelns, Arbeiten mit dem Tensor oder mit Heilsymbolen durch Bücher oder das Internet sind riesig. Ohne die entsprechende Initiation besteht hier kein Schutz, und jeglicher Form von Energie sind Türen und Tore geöffnet.

Das Führen des Tagesbuches lässt in gewissen Zeitabständen eine Inventur zu. Was konnten Sie schon sehen, annehmen und verändern? Wo ertappen Sie sich noch z. B. mit Sätzen wie: „Ich bin immer noch nicht gut genug, ich schaffe das niemals"? Das Aufschreiben unterstützt als heilende Energie im Erkennen und Annehmen. Wir wissen so um unsere Stärken und Schwächen. Die Arbeit mit den Heilsteinen und den Gebeten erleichtert den Prozess der Veränderung.

Machtvolle Energien im Solarplexus beginnen sich zu bewegen, uns zu bewegen – motiviert durch die Seelenkräfte. Ängste und ein hinderliches Nicht-Wollen oder auch ein: „Ich will, ich will.", wie bei einem trotzigen Kind offenbaren ihre Energien in unserem Bewusstsein. Der Holzklotz fängt an sich zu spalten, sich aufzuspalten. Die Freisetzung dieser Energien gibt Impulse zum Handeln. Sind wir in der Lage, diesen Ist-Zustand *liebevoll* anzunehmen, ist ein Schritt getan. Wir geben uns ein Stück Liebe, ein Stück Selbst-Liebe. Fangen wir an, uns für diese Sachen zu verurteilen, erreichen wir genau das Gegenteil und die Energien des Lichts können noch nicht weiter entfacht werden. Hildegard gibt uns hier verschiedene Möglichkeiten in die Hand: Heilsteine, Heilgebete, Heilmittel aus Mutter Natur. Die Anwendung dieser liegt in unserer Verantwortung. Sie wusste um die einsetzenden Veränderungen durch diese „Mittel". Sie spürte die Energien der Transformation. Diese kann nur mit Liebe einhergehen, Liebe auf allen Ebenen und Ehrlichkeit sich selbst gegenüber. Diese anfänglichen Anstrengungen werden mit jedem einzelnen Schritt durch die Liebe belohnt. Geben wir uns ihr ganz hin, erkennen wir ihren „Nutzen". Alles darf sein. Die Liebe berührt uns auf allen Ebenen. Auch Hildegard gelang es, sich ihr mit all dem Schmerz, all den Wunden, die sich ansammelten, ganz hinzugeben. Können wir diese sehen, bahnt sich eine einzigartige Transformation den Weg. Reines Licht durchströmt jeden einzelnen Schmerz, egal wie er entstand, egal wo er sitzt. Liebe durchdringt ihn in all unseren Körpern. Liebe schenkt Freiheit und Freude. Liebe gibt Vertrauen und Mut. Es ist ganz natürlich, dass der Mensch Angst vor Veränderungen in sich trägt. Sie gehört dazu. Unter ihr spiegelt sich unser größtes Potential wider. Also geben wir der Angst Aufmerksamkeit und lassen die Seelenkraft Selbst-Liebe all die Ängste nach und nach umwandeln. So gelangen unsere Fähigkeiten, unsere Kreativität, unsere Intuition, unser innerer Frieden, unsere Selbst-Liebe an die Oberfläche. Als Belohnung wartet die Freiheit, mein Ich-Sein. Die Seelenkraft Selbst-Liebe erstrahlt unser Inneres, sodass der Heilungsprozess von innen beginnen kann.

Erfahrungsbericht:

An einen Klienten erinnere ich mich gerne. Er hatte sich jahrelang dem Klosterleben verschrieben und entschied sich für einen neuen Lebensabschnitt außerhalb der Klostermauern. Das war nicht leicht für ihn, aber er fühlte sich festgefahren. Auch er führte ein Tagebuch und gelangte immer wieder an den Punkt, dass es so nicht weitergehen kann; er sah keine Weiterentwicklung mehr für sich. Sein Ideal begann zu wanken und Schritt für Schritt wurden ihm die Strukturen im Kloster mehr als bewusst. Auch hier hatte das Ego Einzug gehalten, und die Klosterregeln fütterten nach Ansicht des Klienten nur noch das Ego. In seinen Meditationen begab er sich oft auf eine Reise, die ihn immer wieder in eine Art Tempel brachten. Die Bewohner lehrten ihn. Sie sprachen mit ihm und stärkten so seine Seelenkräfte. Er spürte von innen heraus, dass seine Zeit im Kloster beendet war. Genau in dieser Zeit fand er den Weg zu mir. Viel Arbeit lag vor uns. Durch das eigene Spüren seiner Seelenkräfte hatte er genügend Vertrauen und Glauben für diesen wichtigen Schritt. Nach dem Austritt brach alles aus ihm heraus. All die einengenden Regeln und Normen schnürten ihn wie ein zu enger Gürtel genau im Bauchzentrum ein. Luftnot und Angst zeigten sich. Mit speziellen Heilsitzungen und Aufstellungen arbeiteten wir an diesen Themen. Seine Chakren waren wie negativ besetzt und blockiert. Seine Disziplin und sein Pflichtbewusstsein erwiesen sich als hervorragende Begleiter, und so ging es zügig voran. Viele Tränen flossen, Selbstvorwürfe kamen ans Tageslicht. Seine Seelenkräfte forderten ihn heraus und spornten ihn an, sein Ich anzunehmen. Auflösungen von Gelübden und Versprechen folgten. Trauma-Arbeit war erforderlich. Parallel begab er sich in die Hände eines Therapeuten und nahm über Monate Stimmungsaufheller ein. Die Zusammenarbeit mit der Schulmedizin möchte ich hier noch einmal besonders betonen. Wir fanden einen Arzt, der auch auf Naturbasis arbeitete und ihn unter anderem mit Bach-Blüten, Nahrungsergänzungsmitteln und Schüsslersalzen unterstützte.

Auch dieser Klient entschied sich für eine Heiler-Ausbildung und zusätzlich für den Heilpraktiker für Psychotherapie. Dies gab ihm das nötige Fundament, außerhalb der Klostermauern erfolgreich zu arbeiten. Seine Klienten und Patienten profitieren von seinen eigenen Erfahrungen, sind es doch viele, die sich ebenfalls aus Systemen wie Kloster und Kirche verabschiedeten.

Gebet mit der Seelenkraft Selbst-Liebe

„Seelenkraft Selbst-Liebe, bitte hilf mir, alle Blockaden in meinen Energiezentren und Meridianen aufzulösen und mich somit dem wahren Licht zu öffnen. Gib mir die Kraft, die starke Demut mit ganzem Herzen als Fundament bedingungslos anzunehmen. Dringe mit deinem zarten und feinen Wesen tief in mich ein und lass mich dich in allen Lebensbereichen erkennen und anvertrauen. Ich danke dir."

Auch dieses Gebet ist 3 Tage nacheinander zu sprechen. Zusätzlich können Sie einen Rosenquarz in die Hände nehmen, während Sie den Text sprechen.

Nehmen Sie sich Zeit und aktivieren Sie so zusätzlich Ihre Aufmerksamkeit! Schauen Sie in den Spiegel, genießen Sie Ihr Schön-Sein! Genießen Sie Ihr Ich-Sein (Ihr Ich-bin), Ihre Individualität!

Heilstein-Gebet

In einem Channeling mit Hildegard erfuhr ich von den heilenden Energien des gelben Jaspis. Hildegard gab mir folgendes Gebet mit: Jaspis in die Hände legen und sprechen: „*Heilender Jaspis, ich weiß, in mir brodeln alte Wunden. Ich bin bereit, diese zu fühlen und zu sehen. Ich bin bereit, diese liebevoll anzunehmen. Gib mir die Kraft einer Auflösung und heilenden Transformation. DANKE.*" Danach den Jaspis auf den Solarplexus legen und ca. 30 min. liegen bleiben (6 Tage nacheinander).

Das Trinken von Wasser nach diesem Gebet ist enorm wichtig. Auch ein reinigendes Salzbad oder ein Leberwickel nach Hildegard eignen sich hervorragend zur Unterstützung. Wie sieht das im Einzelnen aus? In das Badewasser füllen Sie bitte 2 – 3 Hände voll Badesalz, keine weiteren Zusätze. Nun legen Sie sich ins Wasser und bleiben für ca. 20 min. liegen. Bevor Sie aus der Wanne steigen, duschen Sie sich bitte einmal mit klarem Wasser ab, damit alle negativen Einflüsse abgespült werden und das reinigende Salz nicht am Körper verbleibt. Danach legen Sie sich hin und ruhen sich aus.

Für den Leberwickel gibt es heutzutage schon fertige Kräuterkissen mit den empfohlenen Kräutern der Hildegard. Dieses wird erwärmt und direkt auf den rechten Rippenbogen gelegt. So können sich Gift- und Schlackenstoffe lösen und auf normalem Wege den Körper verlassen. Die Entgiftung wird so unterstützt. Die Wärme bringt unsere Härte in Bewegung. All die Wut und festsitzender seelischer Schmerz geraten in „Wallung" und erhalten die Erlaubnis, uns zu verlassen. Liegt das warme Kräuterkissen auf dem Körper, wird dieser mit einem großen Badetuch umwickelt. So gelangt die Wärme direkt in die Lebergegend. Ein Liegenbleiben für ca. 30 min. wird empfohlen. So kann der Prozess auf ganzheitlicher Ebene wirken. Hierbei kann es passieren, dass negative Gedanken noch einmal ins Bewusstsein geraten. Nehmen wir diese an, gewähren wir ihnen im gleichen Atemzug die Erlaubnis zu gehen. Zögern Sie nicht, den Schmerz herauszuschreien, auch wenn dabei das Wort „Scheiße" fällt. Sie werden dafür nicht bestraft. Für diese Übung bietet sich der Abend am besten an. Wichtig ist es, danach mindestens 1 Liter Wasser zu trinken. So unterstützen Sie Ihre ganzheitliche Entgiftung und der Leichtigkeit öffnen sich die Türen.

Meditation mit Mutter Maria

Die Zeit einer Meditation ist sehr kraftvoll. Im Folgenden erhalten Sie einen Text für eine Meditation mit Mutter Maria. Hier wäre es sinnvoll, diesen Text als Sprachnachricht aufzunehmen oder eine Person Ihrer Wahl führt Sie durch diese Meditation.

Stellen Sie für sich eine Kerze auf und zünden diese an. Nehmen Sie sich die Zeit für entspanntes Ein- und Ausatmen. Atmen Sie dreimal tief ein und kraftvoll aus.

Nun laden Sie Mutter Maria zu sich ein. Bitten Sie Mutter Maria, jetzt zu Ihnen zu kommen. Bleiben Sie entspannt sitzen. Spüren Sie, wie sich ein wohliges Gefühl um Sie herum und in Ihnen ausbreitet. Mutter Maria setzt sich direkt neben Sie oder nimmt vor Ihnen Platz. Sie freut sich auf die gemeinsame Zeit der Heilmeditation. Begrüßen Sie Mutter Maria und begeben Sie sich ins Vertrauen. Mutter Maria weiß um Ihre Ängste. Sie spricht:

„Sei willkommen, meine Liebe/mein Lieber. Du hast die ungelösten Themen in Deinem Leben gesehen und gefühlt und stehst jetzt vor dem Thema der Angst, welches sich immer wieder zeigt. Diese Angst möchte von Dir gesehen werden. Lass uns gemeinsam in diesen Raum der Angst gehen. Gib mir Deine Hand, ich führe Dich genau dorthin."

Wenn Sie bereit sind, geben Sie sich der Führung von Mutter Maria hin und lassen geschehen.

Mutter Maria nimmt Sie an die Hand und Sie gehen gemeinsam in Richtung Ihres Angstraumes. Es ist ein ganz besonderer Ort. Die Tür ist verschlossen. Sie stehen nun beide direkt davor. Nehmen Sie sich einen Moment Zeit. Mutter Maria fragt Sie nun, ob Sie bereit sind, die Tür öffnen zu lassen. Geben Sie sich diese Chance. Mutter Maria öffnet nun die Tür. Bleiben Sie noch stehen und fühlen in sich hinein. Schauen Sie in diesen besonderen Ort hinein. Ein Gefühl von Schmerz bahnt sich seinen Weg. Plötzlich befinden Sie sich in einer Begebenheit, die Ihnen Angst bereitete. Alle Gedanken und Gefühle, die damit verbunden waren, sitzen in diesem Raum. Die Angst zeigt sich in Form eines verletzten Wesens, das nach Anerkennung sucht. Es können auch mehrere Wesen sein. Gehen Sie nun mit Mutter Maria zu diesem Wesen. Lassen Sie es zu, es zu sehen, zu fühlen. Nehmen Sie sich dafür genug Zeit. Durch Ihre Anwesenheit und Ihr bewusstes Annehmen dieses Wesens erfährt es seine Anerkennung.

Wenn Sie bereit sind, geben Sie Mutter Maria die Erlaubnis, dieses Wesen mit all seinen Gefühlen und seinem Schmerz in Liebe zu transformieren. So erfährt es seine Befreiung und darf ins Licht gehen.

Der Raum leert sich, all die schmerzlichen Gefühle lösen sich auf. Es war Ihr Liebesdienst für Ihre Angst und Sie selbst. Mutter Maria nimmt Sie in ihre Arme und so kann sich der festsitzende Schmerz auch in Ihnen lösen. Die energetischen Blockaden, die Sie hinderten, gehen nach ihrer Auflösung nach und nach ins Licht.

Ein Gefühl von Freiheit breitet sich aus. Mutter Maria füllt jetzt den leeren Raum mit Liebe. So sind all die angstbesetzten Energien für heute transformiert und ein Stück mehr Licht ist gewonnen. Sie verlassen beide diesen Platz und atmen noch einmal tief ein und aus. Mutter Maria nimmt Sie noch einmal an die Hand und gibt Ihnen all die Kraft, den Weg mutig weiterzugehen. Ein großer Schritt ist getan und zu jeder Zeit können Sie Mutter Maria um Hilfe bitten. Mutter Maria verabschiedet sich jetzt von Ihnen und was bleibt sind reine Liebe, reines Vertrauen und die Gewissheit, all die noch bevorstehenden Aufgaben in tiefstem Glauben zu erfüllen.

Bleiben Sie noch ein paar Minuten sitzen und trinken nach der Meditation reichlich Wasser. Bedanken Sie sich für dieses Geschenk.

Affirmation mit Rosenquarz am Herzen

Affirmationen erweisen sich als wertvolles Hilfsmittel und sind eine wunderbare Ergänzung zu Heilsteinen.

Setzen Sie sich hin, nehmen Sie einen Rosenquarz in die linke Hand und halten diesen an Ihr Herz und sprechen Sie Folgendes:

Ich darf mich selbst lieben und mein Selbst.
Ich bin bereit zu vergeben – mir und anderen.
Ich bin reine bedingungslose Liebe.
In meinem Herzen öffnet sich der wahre Quell meiner Liebe.

Bleiben Sie noch einen Moment sitzen und spüren Sie in die positive Gedankenkraft hinein. Arbeiten Sie mit diesen Affirmationen an 6 aufeinanderfolgenden Tagen für 3 Monate, danach nach Bedarf. Der Morgen eignet sich besonders gut dafür. So nehmen Sie schon eine liebevolle Energie mit in Ihren Tag. Die Kombination aus dem Heilstein Rosenquarz und der Affirmation verstärkt die Energien dieser Übung. Kopf- und Herzebene werden angesprochen. Eine Affirmation bewirkt nur wenig, wenn sie nicht auch im Herzen gefühlt werden kann.

Stärkung meiner Selbst-Liebe

Der Mensch neigt zu Wertungen und Urteilen. Diese Muster schwächen seine Seelenkräfte. Die größte Verwundung der Seelenkräfte liegt in der Selbstverurteilung. Jeder kennt sie. Diese Energien schwächen das Netz der Seelenkräfte enorm. Verurteilen wir uns selbst, verurteilen wir auch Gott, das Göttliche in uns. Wir glauben nicht an Ihn, an Seine heilende Kraft. Wir gewähren Ihm keinen Einlass in unser Herz. Schwächen wir uns, schwächen wir die gesamte göttliche Gemeinschaft. Alles ist mit allem verbunden. Jeder

Mensch hat das Recht auf Liebe, sie ist als Samen in ihm verankert. Geben Sie sich die Zeit, Ihre Selbst-Liebe zu entdecken. Verurteilen wir andere Menschen, verurteilen wir auch uns.

Ergänzen Sie Ihr Tagebuch mit Ihren Mustern bezüglich Selbstverurteilung, Selbstwertung.

Selbstverurteilungen

Muster	Gefühl
Das schaffe ich sowieso nicht.	Ich fühle mich hilflos, klein und minderwertig. Schon meine Mutter sprach dies gerne aus. Ich ziehe mich dann zurück und versuche es nicht weiter.
Ich bin zu dick.	Ich fühle mich wie ein Versager, weil ich es nicht schaffe, mein Wunschgewicht zu erreichen.

Es ist wichtig, dieses Verurteilungsmuster aufzulösen. Selbstblockaden wären hier das Resultat. Im Nachfolgenden ein **Gebet zur Auflösung**.

Gebet zur Auflösung

„Seelenkraft Selbst-Liebe, noch immer kann ich Deine wahre Kraft nicht spüren. Ich gerate in bestimmten Abständen wieder in Selbstverurteilungen. Diese brannten sich so in meinen Geist ein. Sie erschweren mein Herz. Ich bitte Dich, das Muster der Selbstverurteilung aufzulösen. Gib mir den Mut und die Kraft, mein Selbst aufzuspüren, in Liebe zu sehen und zu fühlen. Danke."

Sprechen Sie dieses Gebet an 6 aufeinanderfolgenden Tagen. Seien Sie dankbar für all das, was sich dann zeigt. Gewähren Sie auch Ihren Gefühlen von Traurigkeit und/oder Wut Raum. Schreien Sie, boxen Sie ins Kissen! Alles darf jetzt sein. Diese Gefühle sitzen tief unter jenen der Selbstverurteilung. Die Selbstverurteilung kommt der Selbstvernichtung gleich. Damit töte ich auch mein göttliches Inneres, meine göttliche Identität ab. Das darf niemals Ziel sein.

Ergänzen Sie Ihr Tagebuch durch die kleinen oder großen positiven Veränderungen. Schon allein ein verändertes Denken kann große Wunder bewirken. Ein freundlicher Blick in den Spiegel, ein freundliches Grüßen meiner Mitmenschen oder auch ein Dankeschön erweisen sich als wertvoll. Gerade in diesen sogenannten kleinen Dingen stecken große Energien, sie summieren sich. Das Miteinander kann sich in kurzer Zeit als liebevoll herauskristallisieren. Je mehr Sie sich dieser Liebe „hingeben", sie weitergeben, desto mehr erhalten Sie zurück. Alles ist Nehmen und Geben.

Aufgabenzusammenfassung
2. Seelenkraft Selbst-Liebe

1. Segnung Ihres Tagebuches
2. Aufbau eines Heilstein-Kreises für Ihr Tagebuch
3. Gebet mit der Seelenkraft 3 Tage
4. Arbeiten mit dem Heilstein 6 Tage
5. Meditation 1 Tag (danach nach Bedarf)
6. Affirmationen 6 Tage
7. Aufnahme der Selbstverurteilungen ins Tagebuch
8. Gebet zur Auflösung von Verurteilungsmustern 6 Tage

3. Seelenkraft Selbst-Vertrauen (Tugend Furcht des Herrn)

Die 3. Tugend, die **Furcht des Herrn**, wird Hildegard in einer Vision größer als alle anderen präsentiert. Das Wort Furcht darf nicht als Strafandrohung gesehen werden, sondern als Achtung und Respekt. Es geht darum, Gott (= Licht, Liebe, Leben) zu ehren und somit auch uns selbst. Das göttliche Potential in uns möchte gefühlt und gesehen werden. Aber nicht nur das, sondern das Leben, unser Leben, das Geschenk Gottes an uns.

Hinter Furcht verbirgt sich das Gefühl von Bedrohung. Gott schenkt uns hier die Wahrnehmung dieses Gefühls als Schutzreaktion. Unsere Sinne stehen uns hilfreich zur Seite. Haben wir Angst, Gott gegenüber zu treten? Sind wir in der Lage, unsere göttlichen Eltern als Ratgeber zuzulassen? Hildegards Beschreibung kommt hier einer liebevoll mahnenden Seelenkraft gleich. Sie stellt uns mit ihrer ganzen Liebe auf die Probe. Ihre Größe lässt uns all die Prüfungen des Lebens bestehen. Ihre heilenden Hände führen direkt in unser Inneres, unser Heilzentrum. Lassen wir sie gewähren, erreichen wir unser Ur-Vertrauen wieder. Es gibt nichts zu befürchten, auch keine Abrechnung vor Gott. Alles ist Erfahren und Wiedererkennen. Der Hinweis auf die Tiefe verweist letztendlich auf unsere Größe. Auch diese wartet auf ein Wiedersehen und Wiederfühlen. Diese Größe ist mit der Größe Gottes verknüpft und kann uns nur ins Licht führen. Jede sogenannte Abweichung lässt den Pool an Erfahrungen wachsen. Unser Heilpotential sehnt sich immer nach Liebe, seine Fühler strecken sich dem Licht entgegen und finden es – egal wie lange es dauert. Jeder einzelne Lichtfunke ist ein Wiedererkennen, dem ein Wiederaufrichten nur folgen kann. Die wahre Größe präsentiert sich, das Lichtvolle in uns reckt sich in ungeahnte Höhen.

Die Ur-Angst darf sich als Gegenpol dieser Seelenkraft zeigen. Sie ist in jedem von uns verankert und wartet darauf, gesehen zu werden. Wie ein kleines verlassenes Kind sitzt sie tief in unserem Inneren und wünscht sich Erlösung. Wie gern möchte sie diesen dunklen Platz der Nichtanerkennung verlassen. Aber dafür braucht sie unser Einverständnis. Hildegard gab ihr diesen Raum. Sie nahm sie in ihre Arme und gab ihr all die Liebe, die ihr zustand. Die Ur-Angst durfte aufstehen und dem tristen Dasein entrinnen. Sie konnte sich endlich bewegen. Tief unter ihr gab es nur Licht, reinstes Licht und Vertrauen. Der Tanz beider Energien von Ur-Angst und Licht brachte eine kaum beschreibbare Erlösung und Befreiung. Aus Angst wurde Licht. Die Ur-Angst, die diese Form der Verdunkelung annahm, um uns zu dienen, brach wie ein Lichtschwall nur so hervor. Sie wurde wieder Licht – ein kleiner Engel durfte wieder tanzen und nach Hause gehen. Alles erwies sich als großer Liebesakt. Viele kleine Engel in uns warten noch auf diesen Augenblick. Geben wir ihnen die Möglichkeit für diese Glückseligkeit!

Die göttliche Führung, unsere innere Stimme, erweist sich als größter Diener. Gott mit Seinen Mutter- und Vater-Anteilen dient uns Menschen mit dem Sich-Erkennen von allem, was ist. Der Mensch in seiner ganzen Schönheit erfährt hier eine einzigartige Wertschätzung. Er darf die vielen Aspekte von Leben (Lebensformen) erfahren. Dazu zählen auch die Formen der Angst, der Verurteilung, des Krieg-Führens usw. Aber hinter jeder einzelnen Form steckt Licht. Den Weg in dieses Licht offenbaren uns die Seelenkräfte in ihrer schönsten Gestalt. Jede Angstform bringt unterschiedliche Gefühle und Emotionen in uns hervor. Diese wiederum lösen Verhaltensmuster aus, die uns hindern oder durch die wir andere Menschen verletzen. Hier unterliegen wir oft Gefühls- und Stimmungsschwankungen, die unsere Entscheidungsfähigkeit beeinträchtigen. Der goldene Weg spiegelt sich im rechten Maß wider, von dem Hildegard so oft schreibt. Jedes „zu viel" oder „zu wenig" zieht entsprechende Auswirkungen nach sich. Ein „zu viel" kann zu Verletzungen, ein „zu wenig" zu Handlungsunfähigkeit führen. Die Arbeit mit unseren Ängsten stellt sich oft als große Aufgabe dar, beschenkt uns aber letztendlich immer mit Frieden und Liebe. Daher ist es von enormer Wichtigkeit, diese Arbeit kontinuierlich auszuführen, um dem inneren Frieden in uns die große Chance seines Leuchtens und Heilens zu geben.

Bitte ergänzen Sie hier Ihr Tagebuch mit dem Aufschreiben und Erfassen Ihrer Ängste. Das mag vielleicht nicht immer leicht von der Hand gehen, aber Ehrlichkeit ist auch hier eine wichtige Voraussetzung. Ist da Angst vor finanziellen Schwierigkeiten, vor Auseinandersetzungen, vor Verletzungen, vor dem Verlassenwerden …? Schreiben Sie alles auf, was Ihnen hierzu einfällt. Nun nehmen Sie sich bitte die Zeit zu fühlen, was das Geschriebene mit Ihnen macht. Sind es Stiche in der Magengegend oder eine Enge in der Brust? Legen Sie Ihr Tagebuch danach wieder in den Heilkreis aus Rosenquarzsteinen.

Weiter unten folgt das Gebet mit der Seelenkraft Selbst-Vertrauen. Sprechen Sie es bitte, in dem Sie sich direkt vor Ihr Tagebuch setzen. Unser Bauchgefühl gibt uns immer die richtige Antwort. Oftmals sind übernommene Ängste in uns gespeichert. In dem Gebet sind diese Ängste involviert, z. B. durch Eltern und Großeltern, aber auch aus vorherigen eigenen Inkarnationen.

Ängste

Meine Ängste	Gefühle
Angst vor der Zukunft	Enge
Angst vor Auseinandersetzungen	Hilflosigkeit; bin dem nicht gewachsen

Der Verstand schafft es oft, uns ins Zweifeln zu bringen und von bestimmten Vorhaben wieder abzulenken, genauso wie die Meinung anderer. Die innere Führung erleichtert uns das Leben. In unserer Furcht, unseren Ängsten, steckt unser größtes Potential. Dies zu erfassen, ist der Weg der Heilung. Wie sind denn die Ängste entstanden? Unser Herz weiß um unser großes Potential, unser Licht. Dennoch gab es im Laufe unserer vielen Inkarnationen Erfahrungen, die dieses Potential niederdrückten und mit Sanktionen belegten. Diese zeigten sich ganz unterschiedlich, z. B. in Form von Gewalt wie Folter, Gefängnis, Inquisition, Sklaverei, Drohungen… Diese gruben sich tief in unser Zellgedächtnis und unseren Schmerzkörper ein. „Wenn Du nicht…, dann droht dir …!". Das Einbrennen eines Glaubens versetzte uns oft in eine Starre und löste einen Unglauben, sowie ein Misstrauen aus, das wir vorher noch nicht kannten. Unsere Energiekörper veränderten sich. Das Licht an und in ihnen verdunkelte sich. Teilweise verklumpten sie, sodass die Schmerzwunden nur schwer heilbar waren. Eine feste eingebrannte Schmerzmaterie ließ kaum Licht zu. Die Abhängigkeit gewann an Macht. Eingetrichterte Schuldgefühle entzogen uns weiterhin Vertrauen. Diese Erfahrungen nahmen wir von Inkarnation zu Inkarnation mit, bis wir sie auflösen konnten oder heute daran arbeiten. Viele traumatische Erfahrungen sind noch in unseren Körpern und Zellen verankert. Die Dichte dieser Erfahrungen schwankt von Mensch zu Mensch. Je mehr Traumata vorhanden sind, desto schwerer ist deren Aufarbeitung. Auch heute noch wartet der Schmerzkörper auf heilendes Licht. Dieses bekommt er, wenn wir unsere Gefühle der alten Angst in Auflösung bringen, nachdem wir sie erkannt und angenommen haben. Jeder noch so kleine Schritt durchflutet unseren Schmerzkörper mit Licht, wie ein Netz. So kann sich nach und nach die Angst wieder in Licht transformieren, der Ursprung wieder hergestellt und ein einzigartiger Lernprozess beendet werden.

Gott weiß um unser Potential, unsere Aufgabe, unseren Weg. Er kennt uns besser als wir selbst. Begeben wir uns in Seine Hände, ist alles zu meistern, inkl. unserer Selbst-Liebe. Gott schenkte uns die Möglichkeit, Ängste, Hass, Vernichtung usw. kennenzulernen und uns somit auf die andere Seite des Lichts zu begeben. Diese Erfahrungen wirken sich über viele Inkarnationen aus. Die heutige Zeit großer Transformation bringt all diese schmerzlichen Erfahrungen ins Bewusstsein. Die Seelenkräfte sammeln sich im Kreis um uns und erleben mit uns die heilenden Veränderungen. Es gibt nichts zu fürchten. Das, was sich in uns ansammelte, lässt nochmals Ängste und dazugehörige Gefühle aufkommen, manchmal auch vor uns selbst. Heilung ist jederzeit möglich.

Gebet mit der Seelenkraft Selbst-Vertrauen

„Seelenkraft Selbst-Vertrauen, lass mich deine Kraft spüren, um alte Konditionierungen in mir zu sehen und zu fühlen. Öffne mein Herz für die Transformation alter Strafandrohungen, schädlicher Moralversprechen und verursachter Selbstbestrafung, Selbstbeschneidung, Selbstverstümmelung und Selbstzüchtigung. Löse all die Schmerzen auf, die mit Folter, Unterwerfung, Kriegen, Sklaverei noch in meinem Schmerzkörper vorhanden sind. Stärke mein Vertrauen in mich, mein Leben, in Gott. Danke." (6 Tage)

Heilsteine Saphir, Chrysopras, Turmalin

Diese drei Heilsteine bieten sich hier als Blockaden-Löser, Wut- und Zorn-Löser sowie Nerven-Streichler an. Jeder von ihnen hat enorme Kräfte in sich. Hier ist gesundes Maß gefragt. Tagsüber ist der Saphir als Schmuckstück zu tragen. Er arbeitet mit unserem Zorn. Am Abend kann der Chrysopras auf den Kehlkopf gelegt werden (im Liegen) und der Turmalin auf den Solarplexus. Auch dies geschieht in einer Zeit der Stille (ca. 20 min.). Der Saphir wird abgelegt. Diese Übung wird an sechs aufeinanderfolgenden Tagen im Zeitraum von vier Wochen durchgeführt.

Aufgabenzusammenfassung
3. Seelenkraft Selbst-Vertrauen

1. Aufnahme der Ängste ins Tagebuch
2. Gebet mit der Seelenkraft 6 Tage
3. Arbeiten mit den Heilsteinen Saphir, Chrysopras, Turmalin
   6 Tage für 4 Wochen

4. Seelenkraft Selbst-Vergebung (Tugend Gehorsam)

Die 4. Tugend, der **Gehorsam**, zeigt sich Hildegard mit einem schneeweißen Band um den Hals. So schafft diese Tugend es, durch Berührung die Herzen der Menschen zum Leuchten zu bringen und ihren Glauben an sich, an das Göttliche zu entfachen. Voraussetzung ist, den eingefahrenen Blickwinkel zu verändern und nicht nur starr in eine Richtung zu denken. Weiterhin ist es wichtig, sein unbedingtes Wollen mit dem Göttlichen in Übereinstimmung zu bringen („Herr, nicht mein, sondern nur Dein Wille geschehe!").

Der Begriff Gehorsam bringt viele von uns in ein negatives Denken, eine Wertung. Er wirkt bedrohlich, fordernd und einengend. Aber in diesem Wort steckt Hören drin, Hören auf unser göttliches Potential, unser Heilpotential. Das Hören ist hier im weitesten Sinne zu erfassen. Wie nehme ich meinen Körper wahr, meine innere Stimme? Bin ich bereit, in die Stille zu gehen und zuzuhören? Verschaffe ich mir mein eigenes Gehör für meine Bedürfnisse? Folge ich der göttlichen Ordnung, den göttlichen Gesetzen, dem Lauf des Lebens?

Aber auch die Bereitschaft, das Leben anzunehmen, umfasst diese Seelenkraft. Sie weist uns den Weg ins Hinhören, ins Zuhören. Sie lehrt uns die Gesetzmäßigkeiten des Lebens, die Energiekreisläufe von z. B. Geben und Nehmen. Auch sie entfacht unser Licht, fordert uns zum Handeln auf und in bestimmten Situationen auch zum Nichthandeln, zum Annehmen der Stille und ihrer heilenden Wirkung. Der Alltag ist oft mit vielen Terminen gespickt und lässt uns wenig Freiraum. Viele von uns empfinden es als ein Funktionieren. Sie spüren ihre eigenen Bedürfnisse nicht mehr. Alles scheint festgefahren. Auch Signale des Körpers werden ignoriert. Und täglich grüßt das Murmeltier, könnte man meinen. Auch eingetrichterte Denkmuster von Egoismus verschärfen die Situation. Ich muss immer nur für andere da sein, sonst zähle ich als egoistisch. Wer aber ist der wichtigste Mensch in unserem Leben? Sind das nicht wir selbst? Geht es nicht um unser Wohlbefinden, unser

Leben? Jeder Mensch bekam das Geschenk des Lebens in eigener Form. Keine Kopie ist gewollt. Muster wie Unterwürfigkeit, Abhängigkeit, Selbstaufgabe sind schnellstens wieder abzulegen. Auch das Erkennen solcher Muster erweist sich schon als eine Art Hören.

Mein Verhalten, mein Denken offenbaren sich in hörbarer Form. Der Drang, immer besser zu sein, immer noch mehr Leistung bringen zu müssen, zeigt sich in der Gestalt einer Überforderung. Der innere Antreiber hört nicht auf. Er flüstert uns immer wieder ins Ohr: „Du bist nicht gut genug". Das Hinhören ist hier ganz besonders wichtig, um dieses Muster zu erkennen. Dies kann nur in einer „stillen Minute" erfahren werden. Gott erwartet kein Aufopfern unsererseits, Er erwartet Wertschätzung. Diese erweist Er uns ständig. Hören wir sie, bewegen wir uns wie von selbst aus diesem Kreis des Aufopferns. Die Seelenkraft der Selbst-Vergebung dient uns mit Impulsen. Schenken wir ihr unser Ohr, wird sie uns liebevoll ermahnen und unseren Wert noch einmal aufzeigen. Im Begriff Wertschätzung finden wir Wert und Schätzung, also unseren Wert schätzen. Aber wie kann uns das gelingen? Woher wissen wir um unseren Wert? Hier treffen wir auf die Seele und das Ego. Zwischen ihnen wohnt die Psyche. Das Ego ist ständig im Verlangen. „Da geht noch immer etwas" – ist einer seiner Lieblingssätze. Geben wir dem Ego hier viel Energie und Aufmerksamkeit, gibt uns die Psyche Signale. Sie weiß um dieses „Spiel". Bewertungen, Verurteilungen schleichen sich ein, und der Selbstfriede ist gestört. Das Ego zieht wie ein Gummiband an der Psyche und will sie davon abhalten, sich mehr der Seele mit ihren Seelenkräften zuzuwenden. Hier besteht die Aufgabe darin, die Ohren mehr als zu spitzen und zu unterscheiden, welche Energie Heilung fördert. Widme ich mich der Seele und ihrem liebenden Herz, das uns immer wieder ans Licht erinnert, entspannt sich unsere Psyche. Das wärmende Licht gibt Kraft und Zuversicht. Wende ich mich aber den Forderungen des Egos zu, schwächt das die Psyche und den Körper. Diese Forderungen sind noch nicht erfüllt. Aber ist es unsere Aufgabe, das Ego auf diese Art zu nähren? Hier kann nur ein „Nein" die Antwort sein. Das Ego erweist sich hier als Lehrer und dient uns auf seine Weise. Auch in ihm schlummert ein liebendes Herz. Es zeigt uns, wie es sich anfühlt, das gesunde Maß zu verlieren. Hildegard spricht immer wieder hiervon. Sie erwähnt neben den Tugenden auch die Laster wie Hass, Neid, Missgunst, Gier usw. Das Ego hat sich der Laster angenommen und lehrt uns, dass dieser Hunger nicht gestillt werden kann. Diese Energien ziehen immer wieder Krankheiten nach sich, auf allen Ebenen. Auf dieser Seite kann es keine Zufriedenheit, keine Wertschätzung, keine Barmherzigkeit geben. Sein Dienst liegt genau im Aufzeigen von unendlicher Gier und von ungesunden Lebensmustern. Durch das Ego erfahren wir das Energieungleichgewicht, das letztendlich in die Krankheit führt. Jeder von uns ist auch mit ihm verbunden. Inwieweit wir ihm Futter geben, liegt in unserer Verantwortung. Diesen Wert bestimmen wir selbst.

Der Wert in unserem Inneren ist unendliches Licht, bedingungslose Liebe, unsere Selbst-Liebe. Dieser Samen liegt in jedem von uns. Wann er zu einer wunderschönen Pflanze wird, liegt in unserer Hand, durch unser Handeln. Handeln heißt hier, den eigenen Heilungsprozess voranzutreiben. Der Weg und das Ziel sind immer das Licht, das niemals erlischt. Der göttliche Funke in uns gibt Signale und lässt uns über unseren Glauben und unser Vertrauen diesen Weg gehen. Unser Wert liegt z. B. in unserer Kreativität, unserer Fähigkeit zu lachen, Beziehungen zu führen, anderen Menschen Freude zu bereiten, Zusammenhänge zu erkennen, Auseinandersetzungen zu führen, Visionen zu erarbeiten usw. All das zeichnet uns aus. Und natürlich dürfen auch Zweifel dazukommen, ist ein Hinterfragen erlaubt, dürfen Entscheidungen verändert werden. Solange unser Herz mit im Spiel ist, sprühen lichtvolle Energien.

Wir sind niemals allein, Gott (das Göttliche) ist immer in uns. Dieser Schatz ist an Wert nicht zu überbieten – es ist Gottes Geschenk an uns, welches sich als unbezahlbar erweist. Der Lohn ist ein wertvolles Leben. Der Genuss des Lebens ist für viele Menschen wieder zu erlernen. Viele Inkarnationen stecken in uns, in unseren Zellen. Aber all diese Erfahrungen machen das Leben aus. Bleiben wir flexibel und entscheiden uns für Veränderungen, öffnen sich neue Möglichkeiten. Oftmals sind hier große Anstrengungen nötig, die festsitzenden Energien aller Erfahrungen lösen sich nicht so, wie wir es uns wünschen. Hier sind Geduld und Demut gute Begleiter. Getreu dem Motto „Herr, nicht mein, sondern nur Dein Wille geschehe", erfolgt die Auflösung entsprechend unserer Seelenaufgabe. Die Seelenkraft Selbst-Vergebung gibt uns Energien zur Heilung. Die Wut auf sich selbst ist oft sehr groß und wird gerne auch mal verdrängt. Viele lernten nicht, mit Wut und Aggressionen umzugehen. So implodieren diese Energien im jeweiligen Körper und zeigen sich oft zu einem späteren Zeitpunkt in Form von Krankheiten, z. B. Hauterkrankungen, Geschwüre, Magen-Darm-Erkrankungen, Depressionen, Stimmungsschwankungen usw. Diese Energien lösen sich nicht einfach von allein auf. Sie werden nur verdrängt und setzen sich fest. Es ist wichtig, Wege zu finden, diese Energien ins Freie zu befördern. Das Boxen in ein Kissen, das Herausschreien sind zwei gute Möglichkeiten dazu. So können sich die Energien beginnen aufzulösen. Das eigentliche Thema dahinter ist oftmals nur kommunikativ zu lösen. Wir vermochten es nicht, unsere Meinung in solchen Momenten verbal zu äußern, Streitgespräche zu führen oder uns auch für uns selbst einzusetzen. Hier stecken alte Schuldgefühle und „Moralpredigten" dahinter. Letztendlich sitzen die eigentlichen Ursachen für diese Form von Ohnmacht viel tiefer. Auch alte Traumata stellen sich als hinderlich heraus. Und schaue ich noch weiter, sind es nicht nur unsere Erlebnisse – viele Menschen tragen Trauma-Energien ihrer Ahnen mit sich herum. Diese wiegen schwer und können bis zur Handlungsunfähigkeit führen.

Gebet mit der Seelenkraft Selbst-Vergebung

„Seelenkraft Selbst-Vergebung, ich bitte darum, mich ganz der himmlischen Führung anvertrauen zu können. Gib mir den Mut und die Stärke, festsitzende Blockaden und alte Traumata aufzulösen. Sei mir eine weise Lehrerin und führe mich in die Selbst-Vergebung. Löse alle Wut- und Aggressionsenergien in mir auf. Lass mich all die täglichen Herausforderungen in Liebe annehmen und jegliche Überforderung schnellstmöglich erkennen und in Veränderung bringen. Ich danke dir." (6 aufeinanderfolgende Tage)

Heilsteine Amethyst und Bergkristall

Der Mix aus Amethyst und Bergkristall gibt die nötige Klarheit und Bereitschaft. Hier ist es möglich, beide Steine als Schmuck zu tragen. Aber auch ruhige Minuten mit Handschmeichlern sind hilfreich. Ein Steinkreis aus Amethyst und Bergkristall unterstützt in der Meditation, in dem ich mich in diesen Kreis setze.

Auch das Arbeiten mit ätherischen Ölen wie Zitrone oder Blutorange gibt Kraft für diesen Prozess. Beide Öle erweisen sich als Stimmungsaufheller. Ist die Stimmung positiv, gelingt uns das Zuhören besser. Als Saunaöl-Mischung wirken sie intensiv bis in jede Pore und die Energien erreichen unsere Zellen und unsere Aura.

Der Mensch schenkt vielen Dingen in seinem Leben Achtsamkeit. Aber sind es genau die, die auch Kraft spenden? Die Reizüberflutung durch Medien ist enorm. Menschen im Umfeld, die nur nörgeln und das Leben als eine Last sehen, rauben Energien. Werbung wird so geschaltet, dass schon allein die Lautstärke unser Augenmerk auf sie lenkt. Hier spielt Achtsamkeit eine große Rolle. An diesem Punkt ist es sinnvoll, das begonnene Tagebuch wieder in die Hand zu nehmen. Schauen Sie sich die Themen an, die schon aufgeführt sind: Unzufriedenheit und Selbstverurteilungsmuster. Gelang es Ihnen zu erkennen, wie viel Kraft und Energie allein diese Themen in Anspruch nehmen? Spüren Sie einmal in sich rein: Wie viel Aufmerksamkeit geben Sie der Unzufriedenheit? Liegt der Fokus noch genau da? Oder gelingt es Ihnen schon, sich selbst positive Aufmerksamkeit zu schenken?

Im Nachfolgenden ist eine Vergebungsübung aufgeführt. Dabei ist es wichtig, dass Sie in Ihr Tagebuch alle Menschen aufführen, die Sie verletzten und weswegen es Ihnen noch nicht gelingt, Frieden zu finden. Des Weiteren schreiben Sie die Namen auf, denen Sie noch zu vergeben haben inkl. Ihren eigenen Namen.

Vergebungsübung

Vergebung zu üben, stellt sich als großer Befreiungsschlag heraus. Nehmen Sie sich die Zeit und schreiben Sie einmal auf, wem Sie vergeben könnten. Falls Personen dabei sind, von denen Sie ein Foto haben, legen Sie sich dieses heraus. Sie könnten sich eine kleine Collage zusammenstellen und diese in ein Herz bestehend aus Rosenquarzsteinen legen. Schauen Sie sich jeden einzelnen Namen, jedes einzelne Foto an und geben Sie sich den nötigen Ruck, jedem zu vergeben, indem Sie sagen:

„Alles Geschehene, das verletzt und noch schmerzt, bitte ich zu vergeben. Du bist mir wichtig, genauso wie eine wertschätzende Beziehung zwischen uns.“

Das Gleiche passiert mit den Menschen, die Ihnen Schmerz zufügten.

„Aller Schmerz, der noch in mir sitzt, den ich bis heute noch nicht verarbeitet habe, darf jetzt gehen. Ich vergebe Dir und lasse das Friedensband zwischen uns sich wieder stärken.“

Mit der Vergebung geben Sie ein Stück Frieden an die andere Person und an sich selbst. Nehmen Sie sich ruhig mehrere Tage dafür Zeit. Vergebung kann nur aus dem Herzen heraus geschehen, sie ist kein Akt des Verstandes.

Sollte es Personen geben, denen Sie schwer vergeben können, bitten Sie die Seelenkraft Selbst-Vergebung, Ihnen bei der Vergebung zu helfen. Wenn Ihre Bereitschaft vorliegt, könnten Sie folgendes Gebet sprechen:

„Seelenkraft Selbst-Vergebung, ich bitte Dich, mir bei der Vergebung mit … (Name der Person) hilfreich zur Seite zu stehen. Bitte öffne mein Herz, sodass der Schmerz in Auflösung gelangt und ich Frieden geben kann. Es fällt mir immer noch schwer, diesen tiefen Schmerz abzugeben. Danke.“

Sie können hier auch ein Foto der entsprechenden Person in die Hand nehmen. Geben Sie der Seelenkraft Selbst-Vergebung die Erlaubnis, Ihnen zu helfen. Jede Vergebung bringt Ihnen und der entsprechenden Person ein Stück Frieden und Dankbarkeit.

Zusätzlich zu dieser Vergebungsübung ist es möglich, den Raum, in dem Sie sich befinden, mit einem Raumspray zu versehen. Hier eignet sich besonders die japanische Magnolie als „Friedensstifter". Die wichtigste Voraussetzung ist Ihre Bereitschaft zur Vergebung. Ist diese im Herzen vorhanden, öffnet sich der Weg in die Liebe. Sollte hier noch einmal Wut auftauchen, lassen Sie sie gewähren. Das Kissen, in das Sie boxen, stellt sich gern zur Verfügung. Die Wut sollte natürlich nicht an anderen ausgelassen werden. Es ist alte Wut, die sich zeigt – oftmals sogar aus anderen Inkarnationen. Erlauben Sie sich, diese Wut nach draußen zu bringen. Unter ihr liegen lichtvolle Energien vergraben. Sie geben diesen die Chance, sich wieder aufzurichten.

Aufgabenzusammenfassung
4. Seelenkraft Selbst-Vergebung

1. Gebet mit der Seelenkraft 6 Tage
2. Arbeit mit Heilsteinen Amethyst und Bergkristall
3. Übung zur Vergebung 14 Tage

5. Seelenkraft Selbst-Achtung (Tugend Glaube Gottes)

Die 5. Tugend, die Hildegard sehen darf, ist de**r Glaube Gottes.**
Hier führt sie auf, dass durch den Gehorsam der Glaube gestärkt
werden kann und so auch Ermahnungen liebevoll angenommen
werden können.

Im Glauben steckt Vertrauen. Nehmen wir unser Leben an, sind
wir im Vertrauen. All das Wissen vergangener Inkarnationen steckt
in uns, inkl. der Seelenkräfte. Aufgrund vieler Inkarnationen und
der damit erworbenen Erfahrungen ist dieses Wissen ins „Hinter-
treffen" geraten und wartet auf ein Wiedererkennen. Das betrifft
natürlich auch unsere Fähigkeiten. In jedem von uns reihen sich
eine Vielzahl von Talenten, Begabungen oder auch Stärken anei-
nander. Diese in Liebe anzunehmen und zu nutzen, setzt ein Zutrauen voraus. Tief in uns erleben wir das Urvertrauen. Die Seelenkraft Selbst-Achtung erinnert uns immer wieder an diese Kraft,
an diese Verbindung. Sie stärkt unser Vertrauen und weiß um die
heilsame Energie im Vertrauen. Geben wir dieser Energie die Erlaubnis, trauen wir uns Schritt für Schritt immer mehr zu. Wir erfahren unser eigenes Vertrauen wieder, es offenbart sich mit seiner
natürlichen Präsenz. Unser Selbst zu achten, setzt Vertrauen voraus.
Unser Äußeres spiegelt unser Inneres und somit auch unser Selbst
wider - das, was wir derzeit annehmen können. Menschen, die
von innen heraus strahlen, sind das beste Beispiel dafür. Ihr Selbst
gibt ihnen Kraft, schenkt ihnen Selbstvertrauen und die Liebe und
Achtung zu sich selbst. Sie fühlen sich geborgen, frei, ungezwun-
gen, ohne dass sie sich auf ein Podest stellen. Ihre innere Kraft, ihre
Seelenkraft, versorgt sie mit Leidenschaft, Kreativität, Individualität. Sie sind glücklich und können auch schwierige Aufgaben ohne
Überforderung erfüllen. Sie spüren ihre Anbindung an das Göttliche, an ihr inneres Heiligtum. Sie sind in einer heilenden Verbindung mit ihrer Seele.

Die Seelenkraft Selbst-Achtung entfaltet sich wie ein Pfau, der
sich von seiner schönsten Seite zeigt. Letztendlich können wir ihr

nicht widerstehen und reichen ihr die Hand. Sie darf sich im Inneren öffnen und schrittweise unser Leben verfeinern. Jeder einzelne Schritt stärkt unser Selbstvertrauen und unsere Selbst-Achtung. Auch diese ist im Laufe vieler Inkarnationen verletzt worden, aber unser Bewusstsein entwickelte sich aus Offenbarung, sodass wir in einer Zeit großer Transformation und Geschenke verweilen dürfen. Das Leben wieder neu zu erleben und zu unserer Größe (Würde, Wertschätzung, Liebe, Freude …) wiederzufinden, ist unsere Aufgabe. Alte Muster erweisen sich als Störenfriede, aber auch als lehrende Meister. Unter ihnen spiegelt sich das Licht der Liebe, Vergebung und Versöhnung. Dieses Licht dürfen wir mit all unseren Sinnen aufspüren und wieder anzünden. Wie ein Phoenix aus der Asche sprießt es empor. Seine heilenden Flammen breiten sich uns wie Flügel aus und schenken Freiheit, welche tief in uns vergraben lag.

Einige unserer Stärken und Begabungen entwickeln sich erst in der Lebensmitte. Hier bedurfte es großer Bagger, die den Schutt beiseiteschoben. Nun erweisen sich genau diese Stärken als unser großes Potential und die Tugend des Glaubens, die Seelenkraft Selbst-Achtung als große Heilerin in und für uns.

Alles darf in uns vereint sein, jede einzelne Lebensphase: das Kind, der Jugendliche, der junge Erwachsene, der reife Erwachsene, der Weise. Der Kreis des Lebens zeichnet unsere Entwicklung und die unserer Seele auf. Nehme ich Verletzungen aus einer Inkarnation in die nächste mit, werden sich diese immer wieder bemerkbar machen und uns ermahnen. Die Seelenkräfte durchlaufen mit uns diesen Zyklus und stehen uns in jeder Phase heilsam zur Seite.

Selbst-Achtung verbirgt Glückseligkeit. Aber wie erreiche ich diese? Der Kopf, also das Denken, reicht allein nicht aus. Die Selbst-Achtung muss mit all unseren Emotionen, innen und außen, gespürt werden. Der Emotional-Körper speichert unsere Gefühle von Verletzungen, die uns oft zusetzten. Alte Erfahrungen gelangen wieder ins Bewusstsein und verdrängen oftmals unsere Selbst-Achtung. Ihr Licht verdunkelt sich. Nun heißt es: Aufspüren der Schmerzen, Hinsehen und Auflösen. Nehmen Sie sich wieder Ihr Tagebuch vor: Wo ist meine Selbst-Achtung auf der Strecke geblieben? In welchen Situationen achte ich mich nicht selbst? Bin ich in der Lage, mir Achtung zu schenken? Alles bildet eine Einheit – der Verstand und unsere Sinne. Schrittweise geht es ans Aufräumen. Viele Inkarnationen sind in unseren Energiekörpern gespeichert, genauso wie in unserem physischen Körper. Oftmals laufen diese Speicher über und rufen Aggressionen hervor. Traumata wiegen schwer, im schlimmsten Fall lähmen sie uns. Die Selbst-Achtung kämpft, um wieder ihr volles Licht wirken lassen zu können. Sie weiß um all die Erfahrungen und begibt sich auf eine Reise in unser Herz. Immer wieder arbeitet sie sich Schicht für Schicht ins Licht. Sind wir bereit für Vergebung und Versöhnung, sprießt sie wie ein Lichtschwert hervor. Sie öffnet eine Lichtschneise, die direkt ins Herzinnere führt. Diesen Liebesdienst übt sie mit Begeisterung aus, weiß sie doch um die heilenden Energien. Leichtigkeit, Freude, innerer Frieden schürt der Glaube an. Auch die Seelenkraft Selbst-Achtung arbeitet sich durch eine Mauer der Verdunkelung und bringt diese Mauer Stein für Stein zum Einsturz. Die Stärke dieser Seelenkraft fordert uns heraus und belohnt uns mit Leichtigkeit, kreativen Ideen, Umsetzungsvermögen, Standfestigkeit oder auch Hingabe. Diese innere Triebfeder erweist sich uns als große Dienerin.

Wie oft wird das Wort Versöhnung gesprochen, ohne dass wir die Auswirkungen immer sofort erkennen? In dem Wort Versöhnung finden wir „Sohn". Hat Gott uns Seinen Sohn nicht gesandt, um all die „Schuld" fortzunehmen? So lesen wir es immer wieder. Aber reicht diese Sichtweise aus? Zeigt Gott uns mit Seinem Sohn nicht auch die vielen Möglichkeiten der Vergebung und Versöhnung? Jesus brachte uns die Gesetze des Lebens noch einmal in seiner Sprache hervor, in der Sprache Gottes. Vergebung und Versöhnung spielen so eine wichtige Rolle in unseren Lebenszyklen. Mit jedem einzelnen Schritt kommen wir dem Frieden in uns näher. Je größer dieser ist, desto mehr sind ein friedliches Miteinander und die Achtung uns und anderen gegenüber möglich. Ich kann nur bei mir als erstes anfangen, Frieden zu schaffen. Dann strahlt dieser nach außen und reißt andere Menschen mit. Es ist wie eine Kettenreaktion, die viele Lichter entzündet. Eine einzigartige Lichterkette darf sich bilden und unsere Herzen öffnen.

Jesus erwies sich als „personifizierte" Versöhnung. Sein Herz brannte für die Menschen, seine Barmherzigkeit entzündete einen neuen Zyklus in uns und für Mutter Erde. Die Liebe in den Herzen fand ein Gegenüber in Jesus. Sie zeigte sich in der Form von Jesus als Mensch. Die Liebe und Jesus sind miteinander verschmolzen. Jedes einzelne Herz findet einen Anknüpfungspunkt der Liebe in Jesus. Seine bedingungslose Liebe ließ uns Mauern sprengen, die sich als Schutzwall um unsere Herzen aufgebaut hatten. Die Explosion von Güte, Mitgefühl und Wertschätzung erweckte unser Vertrauen, unseren Glauben und unsere Achtung wieder. Ein Neuanfang bahnte sich seinen Weg. Jeder, der dazu bereit war, wurde mit Liebe belohnt. Jesus nahm jeden an die Hand und in sein Herz. Er sah die vielen Wunden und Verletzungen, aber auch die störenden Glaubensmuster. Er lehrte, diese zu verändern. Er brachte uns den Mutter-Vater-Schöpfer-Gott wieder, als liebenden Gott, der nicht straft und verurteilt. Ganz im Gegenteil, Gott schließt uns alle in Seine Arme. Und Er geht noch weiter, Er ist in uns. Das Göttliche in uns darf an Kraft und Intensität wieder zunehmen. Die göttliche Kraft, das göttliche Licht im Menschen bringt Heilung. Es genügt, an diesen liebenden Gott zu denken und schon öffnet sich in unserem Innern ein Tor, aus dem bedingungslose Liebe strömt. Das Göttliche in uns räumt Hindernisse aus dem Weg, wenn wir es an die Hand nehmen. Es gibt keine Trennung und gab auch nie eine. Gott ist in uns und beschenkt uns mit Seiner einzigartigen Heilkraft. Pure Lebensfreude füllt unser Herz und bringt es zum Überlaufen. Mut und Vertrauen gesellen sich hinzu. Das Leben erscheint wieder lebenswert, die Herausforderungen sind zu meistern. Gottes Liebe erschafft eine Leichtigkeit in uns, mit der der Alltag sich zu einem Festtag der Selbst-Achtung wandelt.

Gebet mit der Seelenkraft Selbst-Achtung

„Seelenkraft Selbst-Achtung, öffne meine Bereitschaft, das Ur-Vertrauen wieder in mir zu entfachen, sodass sich Glück, Freude, Wertschätzung in meinem Leben integrieren können. Stärke mein Zutrauen in meine von Gott geschenkten Fähigkeiten. Lass Kummer, Hass, Misstrauen sich auflösen, sodass die Kraft des Lichts in mir ein ständiger Impulsgeber ist. Danke." *(6 aufeinanderfolgende Tage).*

Heilstein Granat

Der Granat stärkt die Selbst-Achtung. Seine Energien lassen Blockaden überwinden, fördern Durchhaltevermögen und unterstützen bei Krisen. Der Granat darf gern als Kette oder Armband getragen werden. Seine dunkelrote Farbe stärkt das Wurzel-Chakra. Legen Sie sich drei Granatsteine in Dreieckform (Pyramide) direkt vor sich und begeben Sie sich im Sitzen in eine Meditation. Dabei zeigt die Dreiecksspitze direkt auf Sie. Öffnen Sie Ihre Handflächen, schließen die Augen und lassen Sie die Energie der Steine fließen. Bleiben Sie ca. 15–20 min. sitzen. Dann legen Sie die Steine an einen festen Platz und wiederholen diese Meditation an 3 aufeinanderfolgenden Tagen für 4 Wochen.

Erfahrungsbericht:
Sylvia, eine junge Frau, kam zu mir als Klientin. Sie hatte das Vertrauen in sich selbst verloren – so ihre Aussage. Zu oft wurde sie enttäuscht. Schon im Kindesalter erfuhr sie gewaltsame Auseinandersetzungen der Eltern. Die Gewaltbereitschaft des Vaters erwies sich als sehr massiv. Ihre Mutter konnte dem nichts entgegensetzen. So schlug er sie und dachte Sylvia würde es nicht merken. Doch als sensibles Kind hörte sie jedes Weinen oder Schreien der Mutter. Wie gelähmt lag sie in ihrem Bett und litt mit. Sie wusste nicht, wie sie ihrer Mutter helfen konnte. Am nächsten Morgen taten die Eltern so, als wäre nichts geschehen. Doch für Sylvia war alles noch präsent. Ihr Körper fühlte sich steif an, ihre Wut konnte sie nicht äußern, auch nicht ihre Ängste um ihre Mutter. Ein Gefühl der Ohnmacht und Hilflosigkeit bahnte sich seinen Weg und prägte Sylvia. Mittlerweile ist sie verheiratet und spürt diese alten Gefühle in Auseinandersetzungen mit ihrem Mann. Es gelingt ihr immer noch nicht, die Worte zu sagen, die sie sagen möchte. Diese Prägung der Starre setzte sich nicht nur in ihrem Körper fest, sondern auch in ihrem Sprachzentrum. Sie liebt ihren Mann und bat mich um Unterstützung, aus diesem Muster auszusteigen. Nach mehreren Traumasitzungen und mit Hilfe eines Traumatherapeuten machten wir uns an

die Aufarbeitung des Kindheitstraumas. Genau hier lag der Ursprung für ihre Handlungsunfähigkeit. Wie eine große Blockade saßen die Energien in ihrem Nervensystem fest. Sie brachte sehr viel Disziplin und Mut auf. Der nächste Schritt war jener der Vergebung und Auflösung von Schuldgefühlen. Auch hier erwies sich Sylvia als große „Kämpferin". Sie ging in eine Ausbildung zur Reiki-Meisterin und konnte so hervorragend an ihren Chakren arbeiten. Nach und nach spürte sie sich wieder selbst und fand zu einer Kommunikation, die ihr fast unmöglich erschien. Als Reiki-Meisterin arbeitet sie mit ihrem Mann zusammen an den Themen. Auch er litt an dieser Form von Kommunikation. Beide erreichten in ihrer Partnerschaft eine neue Qualität der Liebe und des Miteinanders. Sylvia erweiterte ihr Wissen mit der Heilsteinarbeit. Gerade der Smaragd und der Granat erwiesen sich als ausgezeichnete „Begleiter" in ihrem Heilungsprozess.

Aufgaben-Zusammenfassung
5. Seelenkraft Selbst-Achtung

1. Gebet mit der Seelenkraft 6 Tage
2. Arbeiten mit dem Heilstein Granat 3 Tage/Woche für 4 Wochen

6. Seelenkraft Selbst-Meisterung (Tugend Hoffnung)

Die 6. Tugend, die **Hoffnung**, die sich nach dem Glauben erhebt, beschreibt Hildegard wie folgt: Die Innenschau auf den eigenen Glauben stärkt die Demut. Hoffnung entwickelt Zuversicht auf einen jederzeit möglichen Neuanfang, so wie wir ihn in der Auferstehung Jesus erfahren durften. Gleichzeitig gab es den Blick auf das göttliche Gericht, das keinerlei Strafsanktionen mit sich zieht. Alles ist Lernen und Erfahren.

Hoffnung ist oft mit einer Erwartungshaltung verknüpft. Diese kann sowohl positiv als auch negativ sein. Erwartungen bewirken oftmals einen inneren Druck. Der Fokus richtet sich auf ein gewünschtes Ziel oder sogar ein Ideal. Die Hoffnung beherbergt neben den Erwartungen auch Wünsche. Diese können sich in unterschiedliche Richtungen drehen. Erfüllt sich der Wunsch nicht, taucht Enttäuschung auf. Wir haben uns letztendlich selbst getäuscht. Gefühle von Traurigkeit, Wut oder Resignation wallen auf. Das Hoffen fällt schwer. Hat Gott mich vergessen? Oder gibt es vielleicht noch eine andere Lösung, die ich einfach nicht sehen kann? Bin ich im Vertrauen, kann ich Gott mein Problem übergeben, mit Ihm sprechen. Gelingt es mir, das Ganze komplett in Seine Hände zu legen, zeigen sich neue Wege. Halte ich fest und versuche, eine andere Lösung zu finden, erschwere ich jede andere Möglichkeit. Hoffnung ohne Handeln verpufft in diesem Fall. Es ist wichtig, Schritte zu gehen. Gott kann uns diese nicht abnehmen, aber Er gibt uns immer wieder den Mut dazu. Hoffnung setzt Vertrauen voraus. Es bleibt immer ein Zusammenspiel der Seelenkräfte zwischen mir und ihnen.

Die Hoffnung zeigt sich als ein Strohhalm, der in uns lodert und uns in ein liebevolles Erwarten bringt. Angehörige kranker Menschen erhalten durch ihre Hoffnung mehr Kraft und Energie. Auch der kranke Mensch wird durch seine Hoffnung mit Liebe beschenkt. Die Hoffnung, friedvoll in den Tod gehen zu können, setzt Energien für den Sterbeprozess frei. Gerade hier erleben

Menschen ihr ganzes Leben noch einmal. Viele ziehen Bilanz und werden sich der Dinge bewusst, die sie gerne anders getan hätten oder die sie verpasst haben. Schuldgefühle tauchen auf oder auch die Angst vor Hölle und Fegefeuer. Ein liebevolles Vertrauen in das Göttliche setzt Energien frei, solche Ängste aufzulösen. Hölle und Fegefeuer sind vom Menschen erdachte Begriffe (Orte), um Macht auszuüben und Bedingungen zu rechtfertigen. Das Licht nimmt jeden von uns auf, die Reinigung ist inbegriffen.

Das Sehnen nach Licht und Freiheit findet in Hoffnung ein Ziel. Jesus war mit all den Seelenkräften ausgestattet. Sein Herz flammte für sie und mit ihnen. Sie gaben ihm Kraft und Zuversicht für seine Aufgabe. Seine bedingungslose Liebe war nicht zu überfühlen. Jeder, der in seine Nähe kam, spürte sie. Er wusste, dass keine Strafe zu befürchten war. Ganz im Gegenteil: Jeder Lernprozess entpuppt sich als Entwicklungsschritt. Auch wenn einige Schritte vielleicht mehrmals anzupacken sind, am Ende bleiben die Erfahrungen und die Gewissheit, immer wieder ins Licht zurückkehren zu dürfen.

Hoffnung heißt hier, der Blick auf ein freies Leben. Ich habe es geschafft, ich habe Lasten abgelegt wie z. B. Ängste, Sorgen, Blockaden, Maßlosigkeit, Selbsthass, Schuldgefühle. Das ist Freiheit. Diese heilt nicht nur meine Seele, sondern auch meinen Körper, sie verjüngt ihn regelrecht. Ich lebe auf. Ich leuchte und strahle von innen heraus. Die göttliche Strahlkraft bricht wie ein Feuerwerk aus mir heraus. Sämtliche Energiequellen sprudeln Leben hervor. Unwägbarkeiten lösen sich auf. Kreativität paart sich mit Lebensmut und lässt mich mit Inbrunst weitere Schritte gehen. Wo vorher kein Land in Sicht war, präsentieren sich Oasen größter Lebensfreude und Glückseligkeit. Die Seelenkraft Selbst-Meisterung verbreitet sich in meinem Energiesystem und berührt all meine Sinne.

Nun erscheint uns das Wort Selbst-Meisterung nicht als alltäglich. Ich meistere mein Leben, meine Aufgaben, mein Innenleben. Und genau dieses Innenleben fordert uns heraus. Hier zeigen sich Hass, Neid, Gier, Unzufriedenheit, Ängste, verborgene Gefühle usw. Sehe ich es wie ein Haus, verbirgt sich das aufgeführte Innere in einer Kammer, die wir nicht ständig öffnen wollen. Gott gibt jedem Menschen diese Eigenschaften mit auf den Weg, sie gehören zum Menschsein dazu. Die Seele benötigt sie für ihr eigenes

Wachstum. Alles ist Gott, alles ist auch im Menschen. Die Seele begibt sich über viele Jahrhunderte/Jahrtausende auf große Wanderschaft. Dabei durchläuft sie ihre eigenen Entwicklungsstufen, vom Säugling bis zum reifen Erwachsenen. Jede Stufe erweist sich als einzigartiger Aufenthalt auf Mutter Erde. Wie eine Art Schule erfährt die Seele viele Lektionen. Darauf wurde sie in der Seelenakademie vorbereitet. Ihre größte „Sehnsucht" besteht im Wachsen, im Sich-Weiterentwickeln. Mutter Erde ist dabei ein Schulungsort. Die Seele begibt sich auch auf die anderen Planeten, Galaxien – sie bereist das ganze Universum und lernt und entwickelt sich. Dabei ist die Selbst-Liebe immer mit im Gepäck. All die Erfahrungen nimmt sie mit auf ihre Reisen und lehrt den jeweiligen Körper (und umgekehrt), in dem sie sich gerade befindet. Dabei warten so manche Lernaufgaben auf sie. Ihre Seelenkräfte verlassen sie nie komplett, auch wenn sie, die Seele, missbraucht wird und traumatische Erfahrungen sammelt. Ihr Weg zu Gott ist ihr gewiss, ihre Verbindung mit Gott ist ihr in jeder Sekunde vertraut. Mit jeder Reise entwickelt sie sich weiter und durchläuft alle Seelenalter.

Sie kennt die Aufgabe des Menschen, der ihr gerade ein Zuhause bietet. Sie weiß um sein Innenleben und wird ihn immer wieder daran erinnern, diese Tür zu öffnen. Hass, Neid und Gier ergaben sich als Lernaufgabe und bringen dem Menschen heute noch Scham- und Schuldgefühle. Diese Gefühle gehören zum Menschsein dazu. Der Umgang mit ihnen ist wichtig. Inwieweit lasse ich mich von diesen Gefühlen, von diesen Energien bestimmen? Begebe ich mich komplett in diese Energien, fühle ich mich nicht wohl. Dennoch ist es wichtig, diese Gefühle anzunehmen. Durch sie Macht auszuüben, raubt mir eigene Energien. Auch wenn ich mich dafür schäme oder schuldig fühle, verringert sich meine Selbst-Achtung. Bringe ich sie in ein gesundes Maß, kann sich mein Licht entfalten. Letztendlich werde ich Meister über mein Leben. Ich nehme es in seiner ganzen Vielfalt an.

Nehmen Sie wieder Ihr Tagebuch in die Hand. Ergänzen Sie Ihre Aufzeichnungen mit dem Thema „Schuldgefühle".

Schuldgefühle

Fragen in Bezug auf Schuld	Meine ehrlichen Antworten
In welcher Situation fühle ich mich schuldig?	
Gebe ich Schuld weiter?	
Sind die anderen immer schuld?	
Wie fühlt sich das Gefühl von Schuld in mir an?	Nicht gut genug sein; versagt haben ...

Heilstein Smaragd

Hildegard empfiehlt hier einen weiteren Stein, den **Smaragd**. Hier heißt es: „Der Smaragd wächst am Morgen, also bei Tagesanbruch, wenn die Sonne in ihrem Kreislauf mächtig ansetzt, **ihren Weg zu vollenden**. Dann ist die Grünkraft der Erde und der Wiesen am stärksten, weil dann die Luft noch kalt ist und die Sonne schon warm und die Pflanzen dann so kräftig Grünkraft aufsaugen, wie ein Lamm Milch saugt, sodass die Wärme des Tages kaum dafür ausreicht, die Grünkraft jenes Tages zu kochen und zu nähren, damit sie fruchtbar wird, **um Früchte hervorzubringen**. Deshalb ist der Smaragd stark gegen alle Schwächen und Krankheiten des Menschen, weil die Sonne ihn schafft und weil seine gesamte Substanz von der Grünkraft der Luft kommt."[3]

Dieser Stein fordert uns förmlich zur Vollendung auf, um Früchte hervorzubringen. Vollendung ist hier als Erfüllen unserer Aufgaben und das Annehmen unseres Lebens anzusehen (Selbst-Meisterung). Sehen wir uns der Überwindung von Hindernissen nicht gewachsen, ist der Smaragd genau der richtige. Seine Energie ist stark und zeigt uns unsere Schwächen und auch Wege, diese aufzulösen. Wie heißt es so schön: Spring über Deinen Schatten! Die Energie strömt genau in diese hinderlichen Denk- oder Verhaltensmuster. Er ist ein Geschenk der Liebe, ein Geschenk der Sonne. Genau diese Kraft weckt unseren „inneren Schweinehund" und bringt ihn in Bewegung. Wir werden wieder flexibel und sehen auf einmal Lösungsmöglichkeiten, die wir vorher ignorierten. Alles ist in uns, eine Veränderung ist möglich. Jeder kleine Schritt ist wichtig. Die Zeit des Stillstands ist vorbei. Eine Weitsicht kommt zum Vorschein. Mit jedem Schritt erfüllt sich eine Aufgabe, auch

---

3 Hildegard von Bingen Heilsame Schöpfung – die natürliche Wirkkraft der Dinge – Physica, Herausgegeben von der Abtei St. Hildegard, Eibingen, Beuroner Kunstverlag, 1. Auflage 2012, Seite 247, 4.1 Smaragd

wenn sie noch sehr klein zu sein scheint. Nach kleinen Schritten können größere folgen, und auf einmal sind wir wieder drinnen – mitten im Geschehen unseres Lebens, unserer Lebendigkeit, unserer Selbst-Meisterung. Den Smaragd trägt man mit Hautkontakt.

Vollendung ist nicht zu verwechseln mit Perfektion. Gott erwartet keine Perfektion von uns. Perfektion ist ein Gebilde des Egos, welches uns immer wieder unter Druck setzt. Perfektion lässt sich gut mit einem Soldaten vergleichen, der seinem vorgesetzten Offizier gehorchen muss. Perfektion bringt uns in eine Abhängigkeit und in eine unbewegliche, begrenzte Form, die mit einer großen Unruhe einhergeht. Der eigene Wille bleibt auf der Strecke. Eine Form von Machtausübung breitet sich aus und somit wird jegliche Veränderung unterdrückt. Gott will keine Kopien, sondern Individualität. Vollendung dagegen beginnt im Herzen. Mein Herz öffnet sich für die Liebe, es ist eine Hingabe an die Liebe, an mich selbst. Ich bin bereit für Veränderungen und bereit, meine Aufgaben zu erfüllen. Der Genuss des Lebens darf sich entfalten. Perfektion hingegen lässt keine Form von Genuss zu. Perfektion fordert und fordert, ohne dass wir einen Lohn dafür erhalten. Vollendung belohnt uns mit Liebe und Genuss und all den Eigenschaften der Seelenkräfte. In der Perfektion ist das Ego zu Hause, hier fühlt es sich wohl. Ihm stehen hier unendliche Möglichkeiten zur Verfügung, neue unerreichbare Messwerte zu erarbeiten.

Smaragd und Meditation

Nehmen Sie einen Smaragd in die linke Hand (die Herz-Hand) und halten diesen vor das Herzchakra. Nun kreisen Sie in entgegengesetzter Uhrzeiger-Richtung, also linksherum. Das Ganze fünfmal langsam wiederholen und dann legen Sie den Stein auf die Herzgegend und bleiben für ca. 25 min. liegen (6 Tage). So lösen sich Blockaden im Herzbereich. Die Herzliebe fließt wieder. Auch diese Übung bringt Sie Ihrer Selbst-Liebe ein Stück näher und unterstützt in der Selbst-Meisterung.

Gebet mit der Seelenkraft Selbst-Meisterung

„Seelenkraft Selbst-Meisterung, in der Vergangenheit habe ich oft Hoffnungen und Wünsche in mir geweckt, die aus meinem Ego und Willen herrührten. Fülle mich mit der Klarheit, Ego und Herz zu unterscheiden. Gib mir all die Energie, das heilende Licht der Transformation tief in meinem Herzen zu verankern. Löse meinen Drang zur Perfektion auf und führe mich in die Vollendung. Gehe gemeinsam mit mir in meinen Innenraum, lass mich ihn öffnen und Hass, Wut, Zorn, Aggression auflösen. Danke." (6 Tage)

Erfahrungsbericht:
Eine junge Frau kam in meine Praxis, geplagt von Selbstzweifeln. Sie kämpfte mit ihrem Inneren, das sich immer wieder zeigte. Viele Jahre schon arbeitete sie an ihrer Zufriedenheit. Dennoch fühlte sie, dass es ihr nicht komplett gelang. Eine Form von Aggressivität geriet in vielen Situationen wieder an die Oberfläche. Sie hasste sich dafür und kämpfte mit und gegen sich selbst. Schlaflose Nächte, Albträume, Antriebslosigkeit, Überforderung, Kopfschmerzen und Darmbeschwerden begleiteten sie seit Jahren. Ihr innerer Kampf zehrte an ihr. Sie wollte nicht annehmen, dass auch Hass, Neid und Gier in ihrem Inneren Platz einnahmen. Ihre Erziehung verbot ihr solche Verhaltensmuster. Das Gefühl, zu kurz zu kommen und perfekt sein zu müssen, brachte sie fast um den Verstand. Ihre Beziehungen scheiterten. Viel Arbeit lag vor uns. Durch ihren Arzt bekam sie entsprechende Medikamente für ihre Darmbeschwerden. Zusätzlich dazu begab sie sich in die Hildegard-Medizin und nahm die Bärwurz-Birnenmischung als Darmsanierung in Anspruch. Danach fühlte sie ein Stück Erleichterung. Sie strukturierte ihren Tag neu und lernte durch Meditationen Stille.
Schon in den ersten Heilsitzungen stellte sich heraus, dass sie in einem früheren Leben bei einem Inquisitionsprozess dabei war. Sie saß nicht auf der Anklagebank. Sie war als Hassprediger unterwegs und ließ so andere Menschen den Richtern vorführen. Diese Erinnerungen brachten große Schuldgefühle hervor. Es fiel ihr schwer, an diesem Thema zu arbeiten, hatte sie doch immer versucht, „gut" zu sein. Dennoch öffnete sie sich für ihre Ver-

gangenheit und konnte über Vergebung in eine neue Wertschätzung gelangen. Negatives Karma durfte aufgelöst werden, und mittlerweile kann sie ihren Fokus auf Positives in ihrem Leben legen. Die viele Arbeit, die sie in Eigenregie ausübte, zahlte sich jetzt aus. Der Smaragd ist ein guter Begleiter geworden. Abwechselnd trägt sie den Onyx, um weiter an Traurigkeit und Melancholie zu arbeiten, die sich in gewissen Abständen in abgeschwächter Form zeigen. Seit einem Jahr gesellte sich die Liebe zu ihr, und wie ich vor kurzem erfuhr, heiraten die beiden in ein paar Monaten. Sie zeigte sich mir als starke Frau, die ihre Seelenkräfte wieder zum Strahlen brachte. Mut, Disziplin, Selbstannahme zeigten sich als ihr großes Potential. Ich bin sehr dankbar, diese Menschen in meiner Praxis begleiten zu dürfen.

Aufgaben–Zusammenfassung
6. Seelenkraft Selbst-Meisterung

1. Aufnahme der Schuldgefühle ins Tagebuch
2. Arbeit mit dem Heilstein Smaragd 6 Tage
3. Gebet mit der Seelenkraft 6 Tage

7. Seelenkraft Selbst-Befreiung (Tugend Keuschheit)

Die 7. Tugend, die Hildegard hier aufführt, ist die **Keuschheit**. Hildegard sieht sie in einer hell leuchtenden Tunika. Auf ihrem Leib erkennt sie ein Kind, das die Unschuld symbolisiert. Wir alle sind Kinder Gottes und werden bedingungslos geliebt.

Als Spiegel der Menschheit steht ein leuchtendes Kind – unverletzlich, herrlich, unversehrt. Keuschheit zeigt sich in Reinheit, in der Reinheit des Herzens. Das bedeutet Ich-Sein. Ich lasse mich nicht durch Meinungen anderer von außen beeinflussen, bedrängen, verbiegen. Ich bin ganz ich. Ich nehme mich so an, lasse alle Urteile und Wertungen fallen. Ich bin Liebe und gebe diese unversehrt weiter, nehme sie auch für mich an. Hildegard beschreibt hier die bedingungslose Liebe, die einem strahlenden Baby gleicht. Die Unschuld des Babys lächelt uns an, berührt uns im Innern bei jedem Lächeln, bei jeder Berührung spüren wir die Reinheit. Keuschheit bringt Heilung. Sie ist weit entfernt von Hochmut und eigenem Willen, der mir schadet. Der Begriff der Keuschheit wird meistens nur in Verbindung mit sexueller Enthaltsamkeit angeführt. Und auch hier ist die Sichtweise auf eine viel größere Ausweitung zu richten. Sexualität ist ein von Gott mitgegebenes Geschenk für uns Menschen und nicht nur auf den Geschlechtsakt bezogen, sie ist reinste liebevolle Verbindung und Urkraft.

Und in diesem Geschenk liegt eine große Verantwortung. Bei jedem Geschlechtsverkehr verbinden sich zwei Energiekörper und Energien, ob hell oder dunkel – wandern von einem zum anderen. Jede noch nicht geheilte Verletzung, aber auch alle noch innewohnenden negativen Muster, weiten sich auf beide Körper aus und beeinflussen beide Menschen in ihrem Verhalten und ihrer Gesundheit. Licht verbreitet sich genauso gern wie Schatten. Plötzlich können sich Seiten in uns zeigen, die wir bis dato noch nicht kannten. Auch Energieraub zehrt an uns. Die späteren Auswirkungen können lebensverändernd sein. Die Sexualität zweier Menschen, die sich auf Herzebene lieben, fördert unsere Heilung. Und auch hier tauschen sich alte Verletzungen aus und gelangen an die Oberfläche. Eine Beziehung, die imstande ist, diese Verletzungen gegenseitig und miteinander zu heilen, stärkt unsere Persönlichkeit und bringt sie/uns zum Wachsen. Der Transformation sind die Tore geöffnet.

Der Vorwurf von Schuld ist heute allgegenwärtig und treibt uns von der Keuschheit, der Selbst-Befreiung fort. Nehmen wir diese Schuldgefühle auf uns, verdunkeln sie das Kleid der Reinheit. Schuldgefühle erschweren unseren Emotional-Körper und generell unseren Alltag, unser Selbstvertrauen oder auch unseren Selbstwert. Mit Schuld im Gepäck wartet große Arbeit auf uns. Auch diese negativen Gefühle, Emotionen und Wertungen wollen gesehen werden. Verdrängen wir diese, zeigen sie sich zu einem anderen Zeitpunkt in voller Pracht. Ihre Energien fließen weiter und beeinflussen unser Wohlbefinden. Wiegen die Schuldgefühle schwer, ist ein friedvolles Leben und Miteinander nicht möglich. Stück für Stück sind diese aufzulösen. Oftmals aus Moralpraktiken entstanden, arbeiten sie fest programmiert in uns. Eigene Schuldgefühle übertragen wir dann auch auf unsere Mitmenschen, in dem wir anfangen, ihnen in bestimmten Situationen Schuld zu übertragen. Der Weg in die Opferrolle ist gebahnt. Dieser Energiefresser lauert schon und freut sich auf die Energien, die ihm jetzt zufließen. Hier besteht Handlungsbedarf. Oftmals reicht schon ein Perspektivwechsel, um die Situation anders anzuschauen und zu fühlen. Auch für diese Veränderung ist Mut nötig. Denn diese Arbeit geht, wie alle anderen, in alle Ebenen unseres Lebens und unseren Körper hinein. Jeder noch so kleine Rest ist aufzulösen, damit sich Freiheit ausbreiten kann.

Die Begriffe von Schuld und Sünde erwiesen und erweisen sich im Laufe der Geschichte jeweils als Machtinstrument. Eine „Instanz" erhebt sich und erniedrigt uns. Diese Instanz ist selbst von Mangel durchzogen, den Mangel an Liebe. Vor Gott gibt es keine Schuld und Sünde. Alles ist Erfahrung. Das Wichtigste ist und bleibt die Veränderung. Oftmals tragen wir nicht nur unsere eigenen Schuldgefühle in uns, sondern auch die ganzer Generationen. Um frei zu sein, bleibt hier die Arbeit an der Auflösung, die sich als Prozess darstellt. Keuschheit = Reinheit = schuldenfrei = bedingungslose Liebe = Freiheit (Selbstverwirklichung und Selbstbefreiung). Keuschheit erweist sich in der Reinheit unseres Energiekleides. Begeben wir uns in dunkle Energien, erschwert sich das Energiekleid (unser Energiekörper) und wird verschmutzt. Negative Gedanken, Gefühle, Emotionen sind zu beheben, reinzuwaschen. Dann erhellt sich das Kleid der Keuschheit wieder, Leichtigkeit gewinnt an Kraft, und die Lebensenergien können wieder frei fließen.

Es geht bei den Tugenden nicht um Moral oder falsch und richtig, die Auswirkungen auf Energieebene, die sich dann bis in die körperliche und Zellebene zeigen, werden hier angesprochen. Wir können die Tugenden nicht sehen, aber unsere Seele weiß um ihre positiven Kräfte. Mit all unseren Sinnen, mit unserem Verstand, unserem Geist, unserem Herzen nehmen wir sie wahr. Öffnen wir uns für sie als Seelenkräfte, graben sie sich tief in unser Herz und öffnen all die Wunden. Diese heilen nach und nach, und das wahre Licht unseres Herzens strahlt in seiner Herrlichkeit. Der Wundheilung gehen Mut, Disziplin und Verantwortung voraus. Die bedingungslose Liebe gewinnt an Größe und Lebendigkeit. Die heilenden Energien durchfließen uns ganzheitlich. Die Liebe zu uns selbst, zu unserem Selbst gelangt in eine neue/alte Kraft. Viele Schichten wurden abgetragen und lassen diese wieder neu strahlen. Es ist ein Weg heraus aus Vorwürfen, Missverständnissen, Konditionierungen, Denk- und Glaubensmustern, eingefahrenen Lebensmustern und Verurteilungen – aus einer Mangel- und Angstprägung.

Unsere Seelenkräfte, die von Hildegard als Tugenden beschrieben wurden, bringen Heilung auf allen Ebenen. Das schwere Kleid verwandelt sich in Leichtigkeit, Lebensfreude, Freiheit. All die Dunkelheit verschwindet. Gottes Licht berührt unsere Herzen. Jeder, der sich der Heilung durch die Seelenkräfte hingibt, kann nur glücklich und voller innerer Zufriedenheit sein. Die Berührung mit den Seelenkräften kann nur ein glückseliger Moment sein. Sie bringen uns das Licht Gottes, Seine Heilung für uns, die nur von innen herausströmen kann, aus unserem Herzen. DANKE.

Gebet mit der Seelenkraft Selbst-Befreiung

„Geliebte Seelenkraft Selbst-Befreiung, hilf mir, frei und ungebunden zu sein und den reinsten Quell der Liebe zu durchschreiten. Trenne mich von meinen selbst erschaffenen Abhängigkeiten und transformiere sie. Gib mir die Kraft und den Mut, krankmachende Beziehungsmuster zu erkennen und aufzulösen. Bereichere mein Leben mit Demut, Liebe und Klarheit. Lass mich tiefe Versöhnung im Herzen erfahren. Danke."

Dieses Gebet bitte an 6 aufeinanderfolgenden Tagen sprechen, dann 3 Tage pausieren. Danach folgt für 6 Tage das Gebet mit Erzengel Haniel (siehe nächste Seite).

Gebet mit Erzengel Haniel

„Erzengel Haniel, schenke mir tiefe Einsicht in meine Verbundenheit mit den Seelenkräften. Öffne meine Energiefelder für die heilenden Energien der Seelenkräfte und deren Einströmen in meine Aura, mein Herz, meine Meridiane und Chakren. Lass mich mir die Erlaubnis geben, von den Seelenkräften lichtdurchflutet zu werden. Danke."

Heilstein Heliotrop

Als Heilstein bietet sich hier der **Heliotrop** an, der auch als Jesus-Stein bezeichnet wird. Der Heliotrop ist als Schmuckstück nahe am Herzen zu tragen. Er bringt Licht und Liebe und unterstützt bei der Wundheilung – körperlich und seelisch. Hier empfehle ich das Tragen für 21 Tage.

Auch Seelenbilder sorgen für Klarheit und Reinheit. Diese sind im Internet erhältlich. Das Malen von Mandalas erweist sich als sehr kreative Möglichkeit und erwärmt das Herz. Heilsteinwasser erfreut sich immer größerer Beliebtheit. Sogenannte Entgiftungssets in der Zusammenstellung aus Bergkristall, weißem Howlith und rotem Jaspis, die als Heilsteinwasser verwendet werden, bringen Erleichterung auf allen Ebenen. Jeweils zwei Steine sind in eine Karaffe zu legen und mit ca. 1 Liter Wasser aufzufüllen. Über Nacht bleibt das Wasser stehen und am nächsten Tag wird es getrunken. Es kann auch für Tee verwendet werden. Als Unterstützung zur ganzheitlichen Entgiftung empfiehlt es sich, dieses Wasser 21 Tage zu trinken.

Aufgabenzusammenfassung
7. Seelenkraft Selbst-Befreiung

1. Gebet mit der Seelenkraft 6 Tage
2. Gebet mit Erzengel Haniel 6 Tage
3. Arbeiten mit dem Heilstein Heliotrop 21 Tage (tragen)

Gebet mit allen Seelenkräften

Zum Abschluss ein Gebet als Dank für alle Seelenkräfte

„Heilige Seelenkräfte. Ich danke Euch für all die Wunden, die sich zeigen und die mit Eurer Hilfe in Heilung gebracht werden. Jeder einzelne Schritt schenkt mir ein Stück mehr Freiheit und stärkt mein Selbst. Bitte reinigt alle meine Körper, sodass sie wieder lichtvoll ihren Dienst vollbringen können. Nehmt mich auf in Euren heiligen Lichtkreis. Gebt mir all die Zuversicht, das Vertrauen, den Glauben und den Mut für meinen weiteren Weg. Danke."

Dieses Gebet kann an 6 aufeinanderfolgenden Tagen gesprochen werden. Hierfür nehmen Sie sich ca. 30 Minuten Zeit und geben sich ganz den Seelenkräften hin. Sie dürfen gern einen Rosenquarz in der linken Hand beim Sprechen des Gebetes halten.

Worte der Seelenkräfte (Channeling Mai 2020)

„Ihr Lieben, in einer Zeit großer Transformation seht Ihr Euch vor vielen Herausforderungen stehen. Viele Themen zeigen sich gleichzeitig. Seid sicher, sie wollen gesehen und anerkannt werden. Viel zu lange Zeit verharrten sie in Dunkelheit und wurden verdrängt. Die Zeit ist reif, das Verdrängte ans Licht zu holen. Dafür bedarf es von Euch Mut. Aber seid sicher, dass genau diese Kraft in Euch verankert ist. Es ist das Liebesband, das wir täglich für Euch knüpfen, um mit Euch in Verbindung zu bleiben und Euch zu erinnern, mit uns zusammenzuarbeiten. Sprecht mit uns, ruft uns an! Wir hören Euch und freuen uns, Euch bei der Transformation Eurer eigenen Wandlung unterstützen zu dürfen. Schon vor langer Zeit haben wir genau das abgesprochen. Ihr wusstet um die heilenden Energien der Seelenkräfte. Fürchtet Euch nicht, alles darf sich zeigen. Es gibt keinerlei Strafe, keine Verurteilungen. Alles ist Erfahrung. Das Licht in Euch wartet auf seinen großen Auftritt des vollständigen Aufflammens. Ärgert Euch nicht, wenn nicht alles sofort gelingt. Versucht es immer wieder. Wir nehmen Euch an die Hand, schenken Euch Trost und die Kraft weiterzugehen. Gern laden wir Euch ein, mit uns in den Kreistanz der Seelenkräfte einzusteigen. Es ist ein Tanz der Liebe, ein Tanz der pulsierenden Energien. Blockaden, alte Muster, Frust, Angst und Ärger dürfen aufsteigen und den Weg für Licht freimachen. Lichtvolle Energien nehmen ihren Platz ein. Es ist ein Geben und Nehmen. Fühlt Euch frei! Ihr seid so lichtvolle Wesen und werdet geliebt."

Ihr Tagebuch hat sich gut gefüllt. Schauen Sie sich jetzt noch einmal alles Aufgeschriebene an. Einiges davon mag schmerzlich sein. Mit Hilfe der Gebete war es Ihnen möglich, Ihren eigenen Heilungsprozess zu fördern. Der erste Teil des Programms mit den Seelenkräften ist abgearbeitet. Ein weiterer folgt. Legen Sie Ihr Augenmerk besonders auf die Punkte, die sich schon einer Veränderung unterziehen konnten. Es ist allein Ihr Verdienst. Belohnen Sie sich. Geben Sie sich die Chance für ein inneres Dankeschön, dem dann ein äußeres folgen kann. Fühlen Sie in Ihr Herz, nehmen Sie einen Rosenquarz in die linke Hand und führen Sie diesen zu Ihrem Herzen „Danke". Bleiben Sie ein paar Minuten sitzen und freuen Sie sich über das schon Geschaffte. Legen Sie Ihr Tagebuch in den Rosenquarz-Steinkreis.

Die Gebete und Meditationen mit den Seelenkräften eignen sich auch hervorragend im Rahmen einer Entgiftungskur (Leberkur, Darmkur …) und in der Fastenzeit. Hildegard bietet hier für die Leber das Hirschzungenelixier an, welches durch seine Mischung dem Element Feuer gleicht und Schlacken in der Leber „aufweicht". Festsitzende Wut und Aggressionen geraten in Auflösung und können in dieser Zeit auch noch einmal ins Bewusstsein aufsteigen. Plötzlich fallen uns Situationen dazu ein. Mit dem Hirschzungenelixier können diese „Fettbrocken" auf normalem Wege ausgeschieden werden. Das fertige Elixier ist dreimal täglich nach den Mahlzeiten zu trinken, jeweils ein Likörgläschen (4 cl). Dabei erholt sich auch unser Wärmehaushalt. Menschen mit viel Wut im Bauch neigen auch zu Frösteln und Frieren.

Zur Darmsanierung steht uns die Bärwurz-Birnenhonig-Mischung zur Verfügung. Ihre Zusammensetzung ermöglicht das Ausscheiden aller Schad- und Schlackenstoffe aus dem Darm und eine Sanierung der Darmflora. Diese Mischung, bestehend aus Bärwurz, Galgant, Süßholz und Pfefferkraut ist im Fachhandel erhältlich. Mit Birnen und Honig wird es zu einem Brei verarbeitet und jeweils dreimal täglich gegessen. Gerade im Darm setzen sich Emotionen fest und lassen ihn wie eine Jauchegrube erscheinen. Diese muss entleert werden.

Beide Kuren sollten mindestens zweimal jährlich durchgeführt werden. So kann eine ganzheitliche Entgiftung erfolgen. Nicht nur der Körper erfährt eine Entlastung, sondern auch unsere Psyche, unser Geist und unsere Seele. Es stellt sich ein Aufräumen dar, ein innerer Körperputz.

Teil 2 des Seelenprogramms

Arbeit mit den Schöpfungstagen, den Lebenszyklen

Die Verbindung der sieben Seelenkräfte mit den sieben Schöpfungstagen als immerwährender Zyklus

Eine Seelenkraft baut auf die nächste auf und dennoch sind alle miteinander verbunden. Sie bilden einen Kreis, einen Lichtkreis wie Engel, die uns in ihre Mitte nehmen. Jede von ihnen besitzt ihre eigene Aufgabe und doch arbeiten alle eng miteinander und füreinander. Eine Trennung zwischen ihnen ist nicht vorgesehen. Die Kommunikation untereinander erfolgt auf Augenhöhe und in bedingungsloser Liebe – ohne Wertungen und Verurteilungen. Sie zeichnen das Leben und sind als Vorbilder, als Impulsgeber zu sehen. Sie spiegeln Gottes Liebe wieder. Er lässt uns nicht allein, die lichtvollen Seelenkräfte sind in uns angelegt wie ein Energiefaden, den wir jeder Zeit aktivieren können. Je stärker die Verbindung, desto größer die Heilkraft. Aus den Fäden entwickelt sich ein Seil der Stabilität, der Standfestigkeit und des Durchhaltevermögens. Wir stehen mit beiden Beinen im Leben. Ein Genießen des Lebens ist auf einmal möglich. Freude, Lust, Sanftmut, Begeisterung entfalten sich in uns, sodass das Strahlen nicht mehr übersehen werden kann. Der Fluss des Lebens nimmt seinen Lauf. Jede einzelne Hürde kann in Demut angenommen und überwunden werden. Es gibt kein Oben und Unten mehr, alles ist eins. Das Leben lebt sich aus uns heraus. Die Transformation erhält ihren Raum und öffnet uns den Weg in die Freiheit.

Die Herzheilung segnet unser Dasein als Mensch. All die Wunden, die sich über viele Inkarnationen ansammelten, sind nicht nur über den Verstand zu heilen, sondern vor allem mit dem Herzen. Das Herz darf sich öffnen. Wir dürfen es zulassen, es uns trauen, genau dies zu tun. So kommen die Wunden ans Tageslicht. Nur durch deren Offenbarung erfolgt Heilung. Es ist ein Platz zu schaffen für die Liebe. Diese kann sich nur ganz entfalten, wenn Altes geht. Das Festhalten an Verletzungen hindert den Heilvorgang und die Energien geraten wieder in großem Umfang auf die Verletzungen. So versperrt sich der Weg für die lichtvollen, heilenden Energien und der Schmerz vergrößert sich.

Die Seelenkräfte stärken unser Immunsystem auf körperlicher und seelischer Ebene. Ihr Einfluss auf unsere Psyche stärkt beide Systeme. Die positiven Energien bewirken eine gesunde Widerstandskraft. Unsere Energiezentren, die Chakren, nehmen jede Form von Energie wahr. Die Auswirkungen der aufgenommenen Energien beeinflussen unsere Gesundheit. Dabei spielt der Solarplexus, auch Magen-Chakra genannt, eine enorme Rolle.

Die Tugenden als Seelenkraft finden sich in Hildegards Beschreibung der sieben Schöpfungstage wieder.

Der Mensch steht mitten im Liebesgeschehen, ist von Liebe umgeben, bildet den Kern der Liebe. Hildegard darf auch diesen Prozess sehen und erfahren.

Im „Buch vom Wirken Gottes" beschreibt Hildegard die sieben Schöpfungstage. Sie bilden unser Lebenselixier. Gott schenkte uns diesen Zyklus des Lebens als Menschen. Hier finden wir eine göttliche Ordnung, in der wir von Inkarnation zu Inkarnation wandeln. Alles ist mit allem verbunden. Alles ist Magie, göttliche Magie, eine Magie reinster Liebe.

Ich möchte im Folgenden versuchen, Hildegards Beschreibungen der Schöpfungstage in eine heutige Sprachform zu bringen. Meine Sichtweise stellt wie schon erwähnt keinen Anspruch auf Richtigkeit dar. Es ist meine Art des Verständnisses. Einiges wurde mir in Channelings weitergegeben. Ich gab es so gut es mir möglich war in Worten wieder.

1. Schöpfungstag: Himmel und Erde, sowie Licht und Finsternis – Seelenkraft Selbst-Wertschätzung (Wurzelchakra)

Hier wird der Prozess der Dualität deutlich, die sogenannte „Trennung" – aus der Einheit heraus. Der Lernplanet Mutter Erde wurde konstruiert und nahm Gestalt an. „Durch die Welt hat Er sich verherrlicht und durch das, was in ihr ist, hat Er den Menschen erhöht, indem Er ihm alles Irdische unterstellte."[4]

Ein Abbild Gottes? Zeigt Er uns Sein Leben, Seine Aufgaben, Sein Wirken? Schauen wir uns Mutter Erde an, können wir genau das erkennen. Gott gibt uns einen Einblick in Sein Dasein. Er zeigt uns Sein Wirken, Seine Verantwortung, Sein Schaffen, Seine Schöpfung, Seine Liebe, Seine mütterliche und väterliche Seite. All dies spiegelt sich auch im Menschen. Der Geist Gottes erweckt das Leben und bringt die Wasser zum Fließen. Energien bringen alles in Bewegung. Die Kraft des Wassers wäscht Unreines ab. Mit dem Satz „Es werde Licht" stellte Er uns Seine Engel an die Seite – eine heilende bedingungslose Liebe. Er weiß um die Wege, die vor uns liegen und gibt als Vater/Mutter Seinen Kindern Lichtwesen mit. Die heilende Energie in Mutter Erde schenkt uns Menschen einen Dimensionswechsel. Ihr Inneres stärkt uns und unsere Entwicklung. Sie bildet das Fundament unserer Inkarnationszyklen und Entwicklungssprünge.

Die Aufgabe des Menschen liegt darin, den Glauben an die Liebe wiederzufinden, wenn er auf der Erde inkarniert. Die Erde trägt diese Liebe in sich, aber auch die verdunkelte Seite. Die Liebe von Mutter Erde zeigt uns, dass auch wir dieser Liebe mit unserem Körper eine Heimat geben. Auf seinem Weg zur Erde werden der Mensch und die in ihm wohnende Seele einiges Wissen vergessen und mit der Dunkelheit (niedrigschwingende Energien) in

---

4 Hildegard von Bingen Das Buch vom Wirken Gottes Liber Divinorum Operum, Herausgegeben von der Abtei St. Hildegard, Eibingen, Beuroner Kunstverlag, 1. Auflage 2012, Seite 235, 17. Der erste Schöpfungstag

Berührung kommen. Ein Lehrpfad liegt vor ihnen und bringt sie am Ende doch wieder zu Gott. Es ist wie wenn Eltern ihre Kinder ziehen lassen und diese ihre eigenen Erfahrungen machen. Jesus als Wurzel im Herzen Gottes bringt das Heil. Er erinnert an das, was wir einst waren und durch Verstrickungen verlernt haben. Diese Verstrickungen verdunkeln unser Licht. Jesus berührt unsere Herzen und lässt ein Wiedererkennen ermöglichen. Seine Liebe ist unendlich und entbrannte in den Aposteln ihre Seelenaufgabe. Sie fühlten sich endlich verstanden, gehört und nahmen Jesus als ihren Lehrer an.

Sie wussten um sein großes Potential und letztendlich um ihre eigene Aufgabe. „Gott sprach durch den Heiligen Geist, als er zu den Aposteln sagte: Seid ein brennendes Licht, wenn ihr im Namen der Heiligen Dreifaltigkeit die Wahrheit lehrt." Und es ward Licht.[5]

Das Licht in den Herzen wurde entzündet, ein Wiedererkennen war möglich. Ein Wissen offenbarte sich um die Herkunft der Liebe, und jeder, der sein Herz öffnen konnte, wusste um seinen Weg der Heilung, seinen Ursprung, sein Zuhause. Der Weg war steinig und bedurfte eines großen Glaubens und Vertrauens. Die heilige Lichtenergie fand Anknüpfungspunkte in den Menschen. Es ebnete sich ein Pfad aus der Dunkelheit zurück ins Licht. Die Herausforderungen waren immens, aber zu schaffen. Das Licht der Heilung fand endlich zurück zu Mutter Erde und konnte ab jetzt nur noch an Kraft gewinnen. Die Erkenntnis von Gut und Böse offenbarte sich. Jedem, der mit der Dunkelheit in Berührung kam, zeigte sich ein Weg hinaus. Das Erkennen gewann an Intensität, und Wunden brachen zum Beispiel in Form von Tränen auf. Wie soooft gewinnt eine Kraft in uns nach dem Weinen an Intensität. Niemand wird durch Gott bestraft. Ein dunkler Ort, den Menschen mit ihrem Licht wieder erhellen können, bekommt eine neue lichtvollere Energie geschenkt. Es zeigt sich ein Geben und Nehmen zwischen Mutter Erde, Mensch und Gott.

---

5 Hildegard von Bingen Das Buch vom Wirken Gottes Liber Divinorum Operum, Herausgegeben von der Abtei St. Hildegard, Eibingen, Beuroner Kunstverlag, 1. Auflage 2012, Seite 239, 22. Der erste Schöpfungstag

Mutter Erde erneuert sich durch ihr inneres Licht immer wieder. Dieser Prozess mag auch für sie schmerzhaft sein. Der Mensch mutet ihr schon einiges zu, aber als große Mutter liebt sie ihre Kinder. Sie verzeiht, vergibt und schenkt Versöhnung, und das täglich. Aber wir Menschen lassen uns oft noch vom Ego und vom eigenen Willen verführen und nehmen diese Mutterliebe nicht an. Mutter Erde wird nicht aufhören, uns ihre Liebe zu geben. Das Nehmen liegt an uns selbst. Sie vermochte es, uns in eine höhere Energieschwingung zu bringen. Der Mensch durfte eine neue Dimension betreten. Höherschwingende Energien breiten sich aus und Mutter Erde wird sich mit ihrem starken Inneren als Fundament für uns erweisen, diesen neuen Pfad zu betreten und nicht mehr zurückzufallen. Dieses Energiefundament wird an Stärke nicht verlieren. Es zeigt sich wie ein Puffer, auf den wir bei einem „Fehltritt" auch zurückgreifen können, der uns aber in gleichem Atemzug wieder nach vorn „schleudern" wird.

Mutter Erde erinnert uns unter anderem mit Naturkatastrophen an eigene Überschreitungen. Sie findet immer wieder in ihre Kraft und ihr Gleichgewicht zurück. Dabei schüttelt sie sich schon mal einiges ab.

Um mehr Klarheit zu erreichen, steht uns Erzengel Michael hilfreich zur Seite. Sein Lichtschwert zerschneidet störende Verbindungen.

Gebet mit Erzengel Michael

„Erzengel Michael, in mir tobt ein Kampf. Ich finde keine innere Ruhe. Licht und Dunkelheit offenbaren sich. Bitte gib mir Klarheit, welcher Schritt für mich als nächstes ansteht. Lass mich ganz eindeutig die Ursachen für mein Unwohlsein und meine Unruhe erkennen. Beende meinen inneren Kampf und bahne mir den Weg in die Freiheit und gib mir ein stärkendes Fundament. Danke.“

(Sprechen Sie das Gebet im Sitzen, legen Sie sich danach hin und wiederholen das Ganze an 6 aufeinanderfolgenden Tagen.)

Heilstein Jaspis

Zusätzlich zum Gebet legen Sie sich einen Jaspis-Trommelstein (roter Jaspis, auch Jaspis-Scheibenstein) in die Nähe Ihres Wurzelchakras. Es befindet sich am Ende der Wirbelsäule. Das gibt zusätzlich Kraft.

Aufgabenzusammenfassung

1. Schöpfungstag

1. Gebet mit Erzengel Michael 6 Tage
2. Arbeit mit dem Heilstein Jaspis zur Stärkung des Wurzelchakra

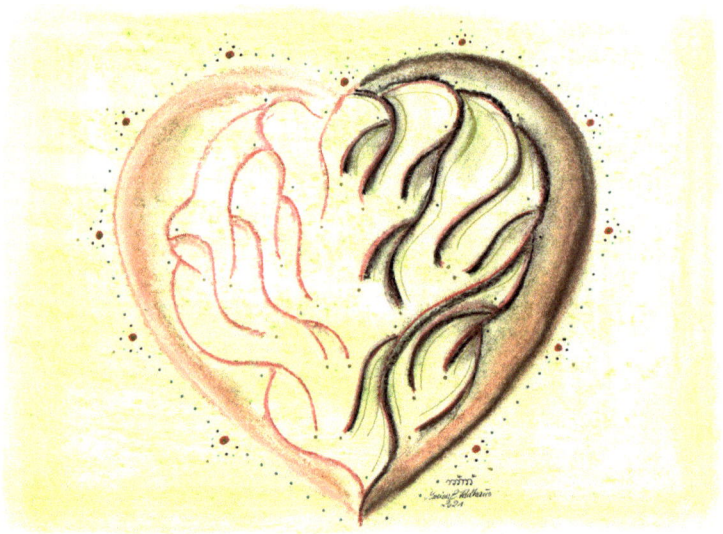

2. Schöpfungstag – Unterscheidungskraft – Seelenkraft Selbst-Liebe (Nabelchakra)

„Denn die Erde ist die Schatzkammer für die, die auf ihr leben ... Denn jedes Geschöpf existiert zuerst als Wurzel ...".[6]

So durfte Hildegard es in einer Vision sehen. Der zweite Tag richtet sich ganz an die Unterscheidungskraft. Was tut gut und was nicht? Womit baue ich auf und womit breche ich es wieder ein? Wann bin ich in der göttlichen Ordnung und wann nicht? Die Gesetzmäßigkeiten sind verankert, aber es gelingt noch nicht immer, diesen Anker als Führungskraft zu erkennen. Der Glaube als eine starke Lichtenergie stärkt die gesamte Menschengemeinschaft. Es ist eine Energie der Liebe, die uns vom Himmlischen her jederzeit zur Verfügung steht, eine Seelenkraft. Wir sind von diesem Glauben nie wirklich getrennt. Diese Energie ist ständig präsent, aber wir fühlen sie nicht immer. Wenn das Herz sich der Liebe verschließt, ist es für diese Energie schwer, in die Übertragung zu gelangen. Die Öffnung des Herzens für die Liebe lässt alle lichtvollen und heilenden Energien frei fließen. Dabei darf der freie Wille des Menschen nicht verletzt werden. Dieser entscheidet letztendlich, in welche Richtung es geht. Das Eingreifen in den freien Willen stellt eine grobe Verletzung dar, die einem Übergriff gleichkommt.

Hildegard spricht von der Gemeinde der gesamten kirchlichen Ordnung und dem Kampf gegen den Unglauben. Wie kann ich mir diese Gemeinde vorstellen? Mit der kirchlichen Ordnung meint sie die heilende Ur-Kirche und die in ihr wohnenden Tugenden, die Seelenkräfte – das große Heilzentrum der göttlichen Liebe, der bedingungslosen Liebe, der Baum der Liebe. Diese Gemeinde, die Seelenakademie, weiß um die Kraft der heilenden Liebe, um die Wichtigkeit der göttlichen Gesetzmäßigkeiten. Sie weiß

---

6 Hildegard von Bingen Das Buch vom Wirken Gottes Liber Divinorum Operum, Herausgegeben von der Abtei St. Hildegard, Eibingen, Beuroner Kunstverlag, 1. Auflage 2012, Seite 242, 24. Der erste Schöpfungstag

um das Leben mit all seinen Höhen und Tiefen. Gott schenkte uns die Vernunft als das Fundament zur Erkenntnis über Gut
und Böse. Unsere Seele weiß um den Unterschied. Sie sendet uns
Zeichen der Liebe und des Lichts mit einem wohligen Gefühl.
Mischen sich Energien ein, die uns vom Licht entfernen, können
sich diese in Form eines Engegefühls in der Brust, eines Gefühls
von Zusammenziehen im Bauch oder auch als klares Wissen bemerkbar machen.

Egoismus, Neid, Missgunst, Hass stellen sich hier als erfolgreiche
Lehrmeister zur Verfügung, uns aus dem Licht, unserem eigenen
Selbst zu entfernen. Demut, Achtung und Respekt treten ebenfalls
als Lehrmeister auf und führen uns, wenn wir es wollen, wieder ins
Licht. Sie verhelfen uns zu einem Gleichgewicht. Voraussetzung ist
das Annehmen aller Gefühle und Aspekte in uns.

„Der Mensch muss die Sehnsucht nach dem Himmel und die
notwendige Sorge für das Fleisch haben“.[7]

Mit der Sehnsucht erinnern wir uns immer wieder an die Anbindung zu Gott, die nie verloren geht. Seine Liebe, Seine Heilkraft in uns verlischt nicht. Finden und spüren wir diese in uns auf,
sind wir der Vollkommenheit ein Stück näher. Es ist das Heilpotential, das Gott uns schenkte. Jeder von uns trägt es in sich. Der
Begriff der Sehnsucht birgt das Suchen in sich. Ich bin auf der Suche. Dieses Gefühl ist in jedem von uns integriert und erweist sich
als wertvolles Instrument. Die Seele braucht Weiterentwicklung.
Diesen Dienst erweisen wir ihr als Mensch. Die Erfahrungen eines menschlichen Lebens bieten allerlei Möglichkeiten des Lernens
und Wachsens. Diese Lebensform ist einzigartig. Wir treten in eine
Wechselbeziehung Seele – Mensch (Himmel – Erde).

Die Unterscheidungsformen zeigen sich im übertragenen Sinne
wie ein Korb voller Blumen und dazwischen ein paar Disteln. Je
nachdem wo meine Berührung hinwandert, erfahre ich eine Zart-

---

7 Hildegard von Bingen Das Buch vom Wirken Gottes Liber Divinorum Operum, Herausgegeben von der Abtei St. Hildegard, Eibingen, Beuroner Kunstverlag, 1. Auflage 2012, Seite 245, 27. Der erste Schöpfungstag

heit oder Grobheit. Ich darf frei wählen, bin aber auch für die Konsequenzen verantwortlich. Das mag hart klingen, aber jeder Entscheidung folgt eine Wirkung. Die Unterscheidungskraft beschreibt Hildegard als unsere Vernunft.

Die notwendige Sorge um das Fleisch bezieht sich auf die Verantwortung für unseren Körper als heiligen Tempel für die Seele. Niemand anderes als wir allein tragen diese. Der Körper zeigt sich als Gefäß für die himmlischen Energien, als sichtbare Form göttlicher Energien, für unser eigenes Selbst. Gott zeigt sich in unserem Körper. Sein Leben ist auch unser Leben und umgekehrt. Gott weiß um unsere Fähigkeit, diese Verantwortung zu übernehmen. Auch dieses Gefäß, unser Körper, ist den Gesetzmäßigkeiten unterstellt. Jede Abweichung ins Ungleichgewicht zeigt ihre Wirkungen. Ein liebevolles Miteinander von Körper und uns ist gefragt.

Hildegard zeichnet den Körper als Tempel für unsere Seele und somit die große Verantwortung für diesen Tempel. Er bedarf an Pflege, gesunder Ernährung, Streicheleinheiten, liebevoller Zuwendung, eines gesunden Wach- und Schlafrhythmus u.v.m. Dieser Körper schenkt sich unserer Seele, es ist ihr menschliches Kleid, die feste Form, in der sie all die Erfahrungen auf der Erde erleben und leben darf. Dieses Geschenk als Geschenk anzunehmen, fällt uns nicht immer leicht. Der eine findet sich zu dick, der andere zu dünn. Bei dem nächsten bringt ein massiver innerer Leistungsdruck den Körper aufgrund einer gewissen Ausbeutung in ein Ungleichgewicht. So gibt es vielerlei Möglichkeiten, unserem Körper zu schaden. Betrachten wir ihn aber als Tempel, als heiligen Tempel, verspüren wir eine ganz andere Wertschätzung. Ihn so sehen zu können, bedeutet eine Entwicklung unseres Bewusstseins hin zu innerer Zufriedenheit und Gemeinschaftssinn. Ist dies erreicht, akzeptiere ich mich und meinen Körper. Letztendlich beeinflussen wir alle unsere Körper. Auch unser Emotional-, Mental- und Spiritual-Körper erfahren durch unser Verhalten Liebe oder Hass, Ängste usw. Eine ganzheitliche Sicht ist unumgänglich. Nur so gelangen wir in ein Gleichgewicht. Heilung beginnt im Inneren, auf der Seelenebene. Von hier aus erreichen Heilstrahlen alle anderen Körper. Diese Strahlen öffnen sich, wenn wir beginnen, unsere Themen anzunehmen und Veränderungen herbeizuführen.

Hildegard wusste um die Wechselwirkungen zwischen seelischem Wohlbefinden und körperlichem Gleichgewicht. Negatives Denken, Ängste, Sorgen, Askese schaden Körper und Seele. Sie erfuhr dies häufig in ihren Klöstern. Immer wieder forderte sie zu einem gesunden Maß auf. Die Wertschätzung des Menschen litt unter den Moralpredigten der Institution Kirche. Die Angst vor Bestrafung wucherte wie ein Tumor in der Psyche der Menschen.

Die Unterscheidungskraft bietet die große Möglichkeit, das gesunde Maß zu erkennen.

Gebet mit Erzengel Raphael

„Erzengel Raphael, ich bitte Dich, stärke meine Fähigkeit der heilsamen Unterscheidung. Gib mir die Kraft, meine innere Mitte zu erreichen. Beseitige störende Einflüsse aus Vergangenheit, Gegenwart und Zukunft. Zeige mir Möglichkeiten, meine Balance wiederzufinden. Führe mich! Harmonisiere die Energien meiner Körper. Danke."

Auch dieses Gebet sprechen Sie an 6 aufeinanderfolgenden Tagen und später bei Bedarf und legen sich nach dem Sprechen hin.

Heilstein Karneol

Legen Sie sich zusätzlich einen Karneol auf das Nabelchakra, welches sich ca. 3–4 cm unterhalb des Bauchnabels befindet.

Bäume spenden nicht nur Kraft, sie können auch ausgleichen. Hildegard schreibt zur Buche: „Die Buche besitzt eine richtige und gleichmäßige Mischung von Wärme und Kälte, und beides in ihr ist gut, und sie bedeutet die Disziplin."[8]

Hier kann nur empfohlen werden, in einen Buchenwald zu gehen und sich direkt zur Buche zu stellen. Sie darf umarmt werden, sie darf gefühlt werden. Ihre Energien werden ihren Dienst für Sie vollziehen. Der Begriff der Disziplin ist nicht als eine Form von Moral und Bedingung zu sehen. Er stellt die Ausübung einer Lebensstruktur dar. Gelingt es mir, eine Tagesstruktur aufzubauen, die mit Liebe durchzogen ist, mit Freude am Alltäglichen und an der Arbeit, befinde ich mich schon mittendrin in der Disziplin. Sie zeigt sich nicht in Form eines Zwanges, sondern als eine Art von Freude für mein Leben mit all seinen Facetten.

---

8 Hildegard von Bingen Heilsame Schöpfung – Die natürliche Wirkkraft der Dinge, Physica, Herausgegeben von der Abtei St. Hildegard, Eibingen, Beuroner Kunstverlag, 1. Auflage 2012, Seite 221, 3.26, Buche

Aufgabenzusammenfassung
2. Schöpfungstag

1. Gebet mit Erzengel Raphael 6 Tage und
2. Arbeit mit dem Heilstein Karneol zur Stärkung des Nabelchakra

3. Schöpfungstag: Meere und Festland – Pflanzen und Bäume – rechter Glaube: Seelenkraft Selbst-Vertrauen (Magenchakra)

„Gott versammelte die Völker der Christen, die unter den Heiden in schmerzlichen Kämpfen bekämpft wurden … Er brachte sie in eine Kirche, und so erschien sie als ein Land der Lebendigen …".[9]

Die Wiederentfachung des Glaubens setzte ein. Das Wissen um die göttlichen Gesetzmäßigkeiten (die Energiegesetze) war nicht verloren, es schlummerte tief vergraben und bedurfte einer Wiedererweckung. Das alte Heilwissen in uns klopft an unsere verschlossenen Herzenstüren. Es fordert uns heraus, all die Verletzungen und Wunden zu sehen. Der Glaube an Heilung entpuppt sich als starke Kraft, welche immer im Menschen vorhanden ist. Glaube versetzt Berge, so heißt es. Damit gibt Gott uns ein Werkzeug in die Hand, welches uns immer wieder an unsere göttliche Heimat erinnert. Auch wenn wir in bestimmten Situationen das Gefühl haben, den nächsten Schritt nicht zu schaffen, bestraft zu werden, allein gelassen zu werden – der Glaube als Heilkraft in uns stellt sich als Bollwerk der Liebe dagegen. Wage ich mich an dieses Bollwerk heran, erlaube ich mir, ein Stück Heimat zuzulassen. All der Schmerz darf sich zeigen und mit Hilfe des Glaubens, dieser heilenden Urkraft, auflösen. Die Verbindung zur Heimat, zur göttlichen Heimat ist heilend. Das Annehmen dieser Verbindung, das Erlauben, das Zulassen liegt in meiner Verantwortung.

Der Weg in den Unglauben brachte Krieg und Schmerz hervor. Das Licht verdunkelte sich, die Liebesenergien blieben überschattet. Unser Selbst verlor an Lichtenergie. „So pflügt Er die, die vorher in ihrem Unglauben wie ungepflügtes Land waren, dann durch die Gnade des Heiligen Geistes mit dem Pflug des Glaubens um."[9]

---

9 Hildegard von Bingen Das Buch vom Wirken Gottes Liber Divinorum Operum, Herausgegeben von der Abtei St. Hildegard, Eibingen, Beuroner Kunstverlag, 1. Auflage 2012, Seite 251, 32. Der dritte Schöpfungstag

Die Heilkraft des Glaubens gewann an Intensität. Die Gnade des Heiligen Geistes berührte und füllte die Herzen und Seelen der Menschen. Die Energie des heilenden Glaubens kam in Bewegung. Es fand ein Umbruch statt. Der Weg der Genesung konnte wieder ein Stück weitergegangen werden. Und schon wieder gab es Geschenke von Gott-Vater und Gott-Mutter.

Hildegard sieht Mutter Erde als eine Form von Kirche, die all die göttlichen Lehren und das göttliche Wissen in sich trägt, als die irdische Seelenakademie. So schreibt sie in ihrem Werk Liber Divinorum Operum, dass mit der Lehre der Apostel die Frucht der Gerechtigkeit hervorgebracht wird. Für die Gerechtigkeit steht Jesus. Er verkörpert diese. Jesus bringt uns die Gesetzmäßigkeiten hautnah auf die Erde. Er lehrt sie, seine Apostel saugen diese auf und geben sie weiter. Die göttlichen Energien der Heilung gelangen wieder unters Volk. Das große Wiedererkennen konnte endlich beginnen. Wir bekamen die große Chance, unser Selbst wiederzufinden. Die Seelenakademie ist nicht nur im Himmlischen als Ur-Kirche zu finden, sondern auch im Irdischen als Mutter Erde. Als Ort sah Gott dafür die Kirchen vor. Der Institution Kirche gelang es nicht, diese Aufgabe vollständig zu erfüllen. Zu sehr ist auch sie in dunkle Energien verstrickt.

Es brauchte einer Form, die von jedem Menschen gesehen werden konnte. Jesus nahm sich dieser Aufgabe an. Die, die er berührte, nahmen diese Gesetzmäßigkeiten an. Es stellte sich als ein Entfachen der tief verwurzelten Liebe heraus. Gefühle von Verlorensein, Umherirren, Ziel- und Wertlosigkeit begannen sich aufzulösen. Wo war unser Selbst hin? Wie weit hatte es sich wirklich entfernt? Hatten wir uns verloren? Das Feuer der Liebe erinnerte die Gläubigen an ihre Heimat. Ein großes Umdenken begann und der Weg für tiefgreifende Veränderungen nahm sich seinen Raum. Es gab Ermahnungen, den Körper zu achten, sodass die Seele, die darin wohnt, sich an ihm erfreuen konnte. Übermäßige Enthaltsamkeit, aber auch Überfluss an Maßlosigkeit schadeten ihm und somit der Seele. Dies betraf nicht nur die fleischliche Nahrung, sondern auch die geistige. Die göttlichen Gesetzmäßigkeiten mussten noch einmal erklärt werden, das tiefliegende Licht noch einmal angeschaltet werden. Das Kommen von Jesus war auf Heilung, Lehren, Aufzeigen und somit Erlösung ausgerichtet. Die Gnade Gottes stand jedem zur Verfügung. Strafen waren nicht durch Gott zu erwarten. Diese konnten wir uns nur selbst auferlegen oder durch immer wieder ausgesprochene Schuldgefühle oder Bedingungen auferlegen lassen oder uns mit diesen selbst schaden. Lebendige Erde (Materie) = Kirche/Himmlisches Jerusalem (Geist) = Urkirche (Seelenakademie)

Diese tiefgreifende Liebe musste wieder ins Bewusstsein der Menschen geholt werden. Wertungen und Urteile waren an der Tagesordnung und brachten somit Unordnung und Chaos auf alle Ebenen. Energetische Verstrickungen waren aufzulösen, der Funke der Wertschätzung wieder anzufachen. Der aufrechte Gang ging verloren und somit bekamen Unterwerfung, Minderwertigkeit, Selbsthass, Selbstzerfleischung oder auch das Dienen selbst ernannter Götter immer wieder fruchtbaren Boden. Ständige Askese, Selbstbestrafung durch Bußgürtel und dergleichen übernahmen Macht und zerstörten auf allen Ebenen. Ein Umlenken war unumstritten notwendig. Und Gott erwies sich wieder einmal als großzügiger und liebender Mutter-Vater-Schöpfer-Gott. Er gab uns mit Jesus ein Stück Seines Selbst und wusste um die Qualen, die Jesus und somit Gott selbst erleiden würde. Von einem strafenden Gott kann auch hier nicht die Rede sein. Der Mensch schaffte es, sich selbst so in falsch verstandener Demut zu erniedrigen, als ob er jeglicher Freude und jeglichen Wohlstands unwürdig sei. Jegliche Erkenntnis bleibt aber Erkenntnis und jegliches Wissen bleibt Wissen, wenn nicht auch danach gehandelt wird. Jede Veränderung zum Positiven ist in uns verwurzelt. Ein Aufblühen und Erblühen geschehen aber nur über das Handeln. Askese oder auch übertriebene Zurechtweisung anderer Menschen blockieren Veränderung. Flexibilität bringt Erneuerung. Die dritte Seelenkraft, das Selbst-Vertrauen zeigt sich als das Werk des 3. Schöpfungstages.

Der 1. Tag brachte uns das Fundament. Mutter Erde als feste Materie bewahrt dieses. Den Wert dieses Fundaments erahnen wir durch unseren Weg, unser Leben als Mensch. Der 2. Tag brachte die Unterscheidungskraft. Für welche Richtung entscheide ich mich? Bleibe ich dem Licht treu? Oder möchte ich erfahren, wie sich Dunkelheit anfühlt und was sie alles so verbirgt? Ich entscheide und lerne zu unterscheiden. Der 3. Tag brachte den rechten Glauben. Diesen zu erfahren, gelingt durch unser Selbst-Vertrauen. Gelingt es mir, Mutter-Vater-Schöpfer-Gott zu vertrauen? Bin ich bereit, meinem Seelenweg zu folgen und dem Ziel zu vertrauen, mich diesem Weg anzuvertrauen? Die Anbindung an das Fundament vom 1. Tag geht dabei nicht verloren. Auch die Energie der Unterscheidung steht mir zur Verfügung. Alles reiht sich wie eine Perlenschnur auf, die sich auch in unseren Chakren zeigt, sowie im Baum des Lebens. Es sind Zyklen und doch bleiben sie ein Gesamtprozess.

Die Energien der Ur-Kirche, der Seelenakademie, lassen Materie entstehen. Sie bilden das geistige Fundament für die Menschheit.

Gebet mit Mutter Maria

„Mutter Maria, bitte entferne Verletzungen, die ich aus anderen Inkarnationen noch in mir trage, besonders in Bezug auf die Institution Kirche. Ich weiß, dass ich ein Kind Gottes bin und unendlich geliebt werde. Stärke meine Seelenkraft des Selbst-Vertrauens. Gib mir die Kraft, meinen Körper zu ehren, zu achten und zu lieben. Danke. Führe mich, meine Ernährung auf Heilung auszurichten. Danke."

(6 Tage – Gebet im Sitzen sprechen und danach hinlegen und Mutter Maria arbeiten lassen.)

Heilstein Tigerauge

Als Heilstein dürfen Sie hier ein Tigerauge auf Ihr Magenchakra (Solarplexus) legen. Dieser hilft bei der Entgiftung und Entschlackung auf ganzheitlicher Ebene. Legen Sie sich dabei hin und ruhen für ca. 30 min.

Zur weiteren Unterstützung legen Sie Ihre Hände am Morgen auf Ihr Herz und sprechen (21 Tage):

„Ein Lichtstrahl reinster bedingungsloser Liebe durchfährt jetzt meine Körper und erlöst mich von den Auswirkungen der zurückliegenden Verletzungen. Mein Herz öffnet sich für meinen tiefsitzenden Glauben in mir. Der Himmel beschenkt mich täglich mit heilender Liebe. So sei es. Amen. Danke."

Durch diese Worte beginnen Sie Ihren Tag mit Liebe. So beschenken Sie sich schon am Morgen mit sanfter Energie.

Aufgabenzusammenfassung
3. Schöpfungstag

1. Gebet mit Mutter Maria 6 Tage und
2. Arbeit mit dem Heilstein Tigerauge zur Stärkung des Magenchakra
3. Morgenaffirmation 21 Tage

4. Schöpfungstag – Sonne, Mond und Sterne – Gottes- und Nächstenliebe – Glaube: Seelenkraft Selbst-Vergebung (Herzchakra)

Zwei Naturen repräsentieren den Menschen, unterschieden durch Tag und Nacht. Der Tag steht hier für das Erkennen des „Guten" und die Nacht für das Erkennen des „Bösen". Betrachten wir es als Energie, zeigt sich hier die Dualität. Beides ist im Menschen verankert und über die Vernunft zu unterscheiden. Die Richtung bestimmen wir. Die Nacht steht dabei nicht nur für Dunkelheit, sondern auch für Stille, Ruhe und Regeneration. Im größeren Zusammenhang bringen uns dunkle Energien zum Nachdenken. Unter ihnen ist das Licht verborgen. Spüren wir den Drang zum Handeln, kann sich Dunkelheit wieder in Licht verwandeln. Schlafen wir gut, beginnen wir den neuen Tag mit neuer Kraft und neuem Lebensmut. Alles ist Licht, aber um dieses immer wieder zu erfahren, „schenkt" Gott uns auch mal negative Energien, um uns dem Licht zuzuwenden. Damit wird unsere Wertschätzung geschult. Die Gottes- und Nächstenliebe erweisen sich als zwei wundervolle Führungskräfte. Liebe Dich selbst wie Deinen Nächsten. Diesen Satz kennen wir alle. Aber verhalten wir uns auch so? Die Antwort kann sich jeder selbst geben. Nicht immer gelingt uns ein wertschätzender Umgang, ein liebevolles Miteinander. Ist die Liebe zu mir selbst eher im unteren Level zu finden, bin ich gar nicht in der Lage, meinen Nächsten zu lieben. Hier beginnt die Arbeit an meiner Selbst-Liebe, meiner Gottesliebe. Gottesliebe = Selbst-Liebe und umgekehrt. Da das Göttliche in uns verankert ist, gelingt mir auch mit Seiner Kraft die Liebe zu mir selbst. Das mag nicht täglich gleich gut gelingen, aber wir erhalten zahllose Möglichkeiten.

Am 4. Tag erscheinen die vier Elemente. Diese beeinflussen unser Leben, wir sind tief mit ihnen vernetzt. Auch ihr Gleichgewicht ist Voraussetzung für unser Wohlbefinden. Hildegard durfte mit den vier Elementen sprechen. Immer wieder berichteten sie ihr von ihrem Ungleichgewicht durch die Taten der Menschen und auf der anderen Seite von ihrer großen Liebe, dem Menschen zu dienen. Das Netz der Liebe konnte nur mit enormem Aufwand aufgespannt bleiben, solange der Mensch noch in negativen Energien verstrickt war. Sie gaben und geben Ihr Bestes, ihre göttliche Liebe und freuen sich über jeden Einzelnen, der sein Gleichgewicht wiedererlangt. Sie wissen um die großen Anstrengungen der Menschen, ermahnen uns aber auch immer wieder. Naturkatastrophen erweisen sich als heilender Ausgleich, um das Gleichgewicht des Planeten zu stabilisieren. Es liegt in unserer Hand, Mutter Erde mit Liebe zu versorgen, zu beschützen, sie wieder in voller Blüte gedeihen zu lassen. Schenken wir unserem göttlichen Glauben liebevolle Aufmerksamkeit und stärken so das Fundament!

Tag und Nacht werden hier auch als Glaube und Unglaube bezeichnet. Das ist natürlich im übertragenen Sinne zu sehen. Hell und Dunkel stehen sich gegenüber (Dualität). Sie zeigen sich im Menschen. Und dennoch ist der Mensch das Werk Gottes, ein Werk des Lichtes. Wo Dunkelheit, da auch Licht. „Als Gott die Kirche einsetzte, begann sich jene Unbeständigkeit, die in ihr war, als die Christen keine geistlichen Hirten und weltlichen Führer hatten, am 4. Tag von der Dunkelheit jener Verwirrung abzuwenden hin zum Anfang des beständigen Tages, der in dieser Kirche ausstrahlte, als sie im Licht des wahren Glaubens und der übrigen Tugenden durch den Eifer des heiligen Wirkens gefestigt wurde."[10]

Die Ur-Kirche als Heilzentrum mit ihren Tugenden konnte mit ihrer Heilaufgabe beginnen. Den Menschen legte Gott ihr in die Hände. Wie eine Mutter nimmt sie jeden einzelnen in den Arm und schenkt ihm heilendes Wissen. Die Seelenkräfte klopfen immer wieder an und berühren die Sinne. Das Licht im Menschen erinnert sich seiner Herkunft. Auch wenn dieser Weg sich oft als schmerzhaft erweist, die Belohnung des Lichts und die Arbeit mit den Seelenkräften sind unbezahlbar.

Die heilenden Energien gewannen im Menschen an Intensität und verstärkten den Prozess der Veränderung und Wiedererkennung. Das Feuer der Selbst-Liebe loderte mit der geschenkten Gottes- und Nächstenliebe. Wir stammen alle aus einer Quelle. Wir

---

10 Hildegard von Bingen Das Buch vom Wirken Gottes Liber Divinorum Operum, Herausgegeben von der Abtei St. Hildegard, Eibingen, Beuroner Kunstverlag, 1. Auflage 2012, Seite 260, 36. Der vierte Schöpfungstag

sind alle ein Teil Gottes und somit alle verbunden. Jeglicher Hass wirkt sich auf alle und alles aus. Schenken wir der Liebe mehr Energie, erhöht sich diese Energie im Ganzen.

Als weiteres Geschenk erhalten wir die Möglichkeit liebevoller Gedanken uns selbst und anderen gegenüber. Der Pool solcher Gedanken ist unendlich. Meine eigene positive Gedankenkraft stärkt die große Gemeinde aller Menschen und des gesamten Universums. Die göttliche Energie in uns liebt diese Gedanken. Jeder noch so kleine Gedanke stärkt sich im Endeffekt und vergrößert diese Form. Die Auswirkungen können nur Heilung bedeuten, nicht nur für uns, sondern auch für unsere Mitmenschen. Jeder liebevolle Gedanke stärkt die Seelengemeinschaft und die Gemeinschaft der Seelenkräfte. Die Energie kann sich so nur erhöhen und uns in die Freude und Selbst-Liebe bringen.

Jedes einzelne liebevolle Wort, jede liebevolle Geste stärkt uns und unser Gegenüber. Jedes ausgesprochene "Danke" versprüht einen Funken Liebe und somit Heilung. Auch das Annehmen eines Dankeschöns lässt das Herz erblühen und kräftigt unseren ganzen Organismus. Die liebevollen kleinen Dinge des Lebens, des Miteinanders sind die ganz großen Wunder.

Der Sternenhimmel steht für positive Gedanken, so Hildegard. Schauen wir nicht gerne in den Sternenhimmel oder erfreuen uns der Sternschnuppen? Verbirgt sich hier wieder ein Geschenk Gottes? Für jede Seelenkraft wird ein gutes Ende vorausgesehen. Dieser Weg lohnt sich mit jedem Meter, mit jeder Minute. Nehmen wir dieses Geschenk an!

Gott zeigt Seine Liebe. Nehmen wir diese Energien in uns auf, können wir sie ungefiltert an den Nächsten weitergeben.

Gelingt das liebevolle Miteinander nicht, ist Vergebung erforderlich. Selbstvorwürfe verlangen nach Selbst-Vergebung. Mit jedem schlechten Gedanken und Verhalten mir selbst gegenüber verletze ich mein Ich, meine Seele, meine Seelenkräfte usw. Mit der Seelenkraft der Selbst-Vergebung gibt Gott uns ein weiteres Hilfsmittel Seiner Liebe. Selbst-Vergebung erweist sich als eine heilende Transformation. Negative Denk- und Verhaltensmuster belasten das Fundament des 1. Tages, Mutter Erde. Die Selbst-Wertschätzung, die sie verkörpert, verliert an Kraft.

Ein Gebet mit Jesus

„Jesus, ich hadere mit meiner Fähigkeit der Selbst-Vergebung. Es gelingt mir noch nicht, diese vollständig zu erreichen. Immer noch stehen Selbsthass, Selbstbestrafung und mein eigener Unglaube an mein Potential im Weg. Bitte löse diese Faktoren auf. Lehre mich, mein Selbst anzunehmen, mich anzunehmen mit allem, was mich ausmacht. Mein Herz sehnt sich nach Befreiung meiner selbst aufgebauten Hindernisse. Bitte hilf mir, diese aus dem Weg zu räumen. Danke.“

(Bitte sprechen Sie dieses Gebet an 6 aufeinanderfolgenden Tagen und legen sich nach dem Sprechen für ca. 30 min. hin.)

Heilsteine Smaragd und Rosenquarz

Mit einem Smaragd oder Rosenquarz auf Ihrem Herzchakra begeben Sie sich nach dem Sprechen des Gebetes auch hier in liegende Haltung und nehmen sich genügend Zeit. Vertrauen Sie auf Jesus. Seine Präsenz werden Sie sofort spüren.

Aufgabenzusammenfassung
4. Schöpfungstag

1. Gebet mit Jesus 6 Tage
2. Arbeit mit dem Heilstein Smaragd und Rosenquarz zur Stärkung des Herzchakra

5. Schöpfungstag – Fische und Vögel: Seelenkraft Selbst-Achtung (Halschakra)

„Aber Fische und Vögel stammen aus reinerer Zeugung als die übrigen Lebewesen, weil der Heilige Geist die Wasser vor den übrigen Elementen geheiligt hat."[11]

Das Wasser zeigt uns Beweglichkeit und Fließen auf. Durch die Fische und die Vögel zeigt Gott uns diese Beweglichkeit. Das Fliegen der Vögel können wir auf unsere Gedanken beziehen. Diese sind mal ganz klar und mal sehr durchwühlt, genauso wie unsere Emotionen. Sie fliegen überall hin – entweder in Verwirrung oder in Klarheit. Im Wasser ist das Geistliche versinnbildlicht, in der Erde das Leibliche. Wasser reinigt innen und außen. Eine Beweglichkeit ist unerlässlich. Die Kraft weiterzugehen ist in uns verankert.

Der 5. Tag steht auch für das Loslassen der weltlichen Begierden. Was ist darunter zu verstehen? Kummer und Sorgen verdunkeln unser Energiefeld. Die Angst, materiell zu kurz zu kommen, blockiert wie jede andere Angst auch. Jegliche Abhängigkeiten und krankhaften Bindungen bringen Stillstand. Delphine und Adler als zwei Vertreter zeigen uns die große Kraft der Beweglichkeit, der heilenden Kommunikation und des Weitblicks. Unsere Seele weiß um die große Seelengemeinschaft und die Gemeinschaft der Engel. Wir sind nicht allein. Mindestens ein Schutzengel ist ständig an unserer Seite. Das Auflösen von Abhängigkeiten bringt Freiheit, bringt uns in unser göttliches Potential, bringt uns zu uns. Wir erkennen auf einmal unsere Größe, unsere Kraft für Veränderungen, unser mit Liebe geschenktes Leben. Wir sind aufgefordert, auf unser Inneres zu schauen. Hundertfacher Lohn ist zu erhalten – entfernt von Kummer, Sorgen und Abhängigkeiten, von Haus und Hof sowie Familie. Hier verlangt Gott nicht, dass wir Haus und Hof zu-

---

11 Hildegard von Bingen Das Buch vom Wirken Gottes Liber Divinorum Operum, Herausgegeben von der Abtei St. Hildegard, Eibingen, Beuroner Kunstverlag, 1. Auflage 2012, Seite 263, 38. Der fünfte Schöpfungstag

rücklassen. Es geht um das Loslassen der Kinder, damit sie ihre eigenen Erfahrungen machen können. Genauso ist es mit uns, wenn wir das Elternhaus verlassen. Auch wir möchten unsere eigenen Erfahrungen sammeln. Es ist ein Weg der Freiheit, ein Weg aus dem Energiefeld der Familie ins eigene Ich. Die Verbundenheit bleibt, doch ich bin selbstständig. Letztendlich ist es der Weg zu uns selbst. Unsere göttliche/himmlische Familie verließen wir beim Eintritt in diese Welt. Für eine bestimmte Zeit ist sie für uns in menschlicher Form nicht präsent.

Wir nahmen uns der großen Aufgabe des Menschseins an. Die Erwartungen im Herzen können nur liebevoller Natur sein. Geben wir uns dieser Liebe hin, öffnen sich unsere Herzen. Schmerzen jeglicher Art können entweichen und wir werden mit Wohlbefinden, Gesundheit und Zufriedenheit belohnt.

Gott möchte uns im „Ich-Sein" wissen, frei von Ängsten und Bedingungen, frei vom Wollen des Egos, frei von Ich-Bezogenheit. Der Kampf gegen sich selbst darf aufhören. Das Ich in uns braucht keinen Kampf. Es steht für Liebe und Wachstum, für Fülle und Wohlstand, für Kreativität und Inspiration, für Selbst- und Nächstenliebe. Strahlen wir diese Liebe aus, wirkt sich das auf unsere Mitmenschen aus – eine Aura der Zufriedenheit umgibt uns. Kritik, Selbstzweifel und Verurteilung finden keinen Nährboden mehr.

Die Sorge um die Finanzen nimmt einen großen Raum ein. Viele Menschen leiden unter Existenzängsten, sind arbeitslos und finden oftmals keinen Ausweg. Das liebe Geld beschäftigt viele Gemüter. Der Umgang mit dem Geld ist noch häufig negativ behaftet. Dabei ist Geld eine Energie, die wir erhalten oder weitergeben können, ein Tausch. Im Laufe der Geschichte geriet die Energie Geld in Verruf. Gier, Ausbeutung und Konkurrenzdenken ließen diese Energie verdunkeln. Mittlerweile haben wir ihr so viel Aufmerksamkeit gegeben, dass diese dunkle Form an Kraft zunimmt. Gedacht war das Geld als Tauschmittel. Ich erhalte eine Ware, ein Produkt, eine Dienstleistung und bezahle diese/s mit Geld. Nicht mehr und nicht weniger. Aber was wurde daraus? Die lichtvolle Energie bezüglich des Geldes hat arg gelitten. Unsere negativen Gedanken zum Thema Geld verblassen weiterhin sein Licht. Das Geld erhielt ein dunkles Energiekleid. Dieses wiegt schwer und bedarf einer Veränderung in unserem Inneren, in unseren Gedanken. Hier ist es wichtig, diese positiv zu verändern. Geld und somit Fülle sind für jeden von uns da. Auch hier spielen unsere Gesamtheit an Inkarnationen sowie Gedanken- und Verhaltensmuster unserer Ahnen eine Rolle. Hat sich Karma angehäuft, ist dieses aufzulösen. Dies erfolgt individuell.

Die stärksten Kräfte bilden hier das Vertrauen und die Achtung. Der Mensch verletzte sich und andere häufig in seinen vielen Inkarnationen. Aus Liebe wurde Hass, ein ständiger Kampf in uns begann, es stellte sich oft als Kampf ums Überleben dar. Kriegerische Auseinandersetzungen zerstörten ganze Familien und Landstriche. Die Bruchstellen benötigen viel Zeit der Heilung. Das Überwinden von störenden Denk- und Verhaltensmustern stellt sich als große Hürde dar. Wie oft wechselten lähmende und verletzende Stimmungen die Generationen. Der Brandherd wollte nicht aufhören zu glühen. Immer wieder entzündete er sich aufs Neue, all die alten Verletzungen gingen von einer Generation auf die nächste über. Hildegard konnte ihr sogenanntes Ahnenfeld sehen. Sieben Generationen bauten sich auf und „lechzten" nach Heilung. Aber wer fängt an? Gibt es immer wieder „Führungskräfte" im Laufe der Generationen, die sich dieses Themas annehmen? Es ist eine gewaltige Aufgabe, die tiefgreifende Veränderungen nach sich zieht. Auch hier finden wir die Zahl 7. Die 7 Schöpfungstage stellen sich nicht nur als einzelne Tage dar, dieses Zeitfenster weitet sich viel größer auf – wie ein Fächer, den wir öffnen und schließen, sind hier die Lebenszyklen zu erkennen. Dieser Fächer beinhaltet nicht nur eine Inkarnation, nicht nur eine Generation, sondern alles Leben. Alles ist in ihm vereint. Arbeite ich an meiner Heilung, profitiert das gesamte Leben davon. Gott zeigt Sich uns mit den sieben Schöpfungstagen selbst. Es ist Sein Leben, das Er uns präsentiert, Sein Werk, das all die Energiegesetze (Resonanz, Flexibilität, Disziplin, Veränderung …) einschließt. Dieses im Ganzen zu erfassen, ist uns Menschen nicht bis ins kleinste Detail möglich. Unsere Seele besitzt dieses Wissen. Mit unseren Entscheidungen, die wir täglich vornehmen, geben wir der Seele Raum, um sich wohlzufühlen, sich zu entfalten, Erfahrungen zu sammeln, egal in welche Richtung das Pendel sich bewegt. Es ist ein komplexes Schöpfungswerk unendlicher Vorgänge, die Gott uns täglich schenkt. Er schenkt Sich uns, es ist Sein Liebesdienst. Nichts freut Ihn mehr, als dass wir anhand dieser Erfahrungen Entscheidungen treffen, die letztendlich unser Licht, unser Selbst in Achtung wieder erstrahlen lassen. All diese Erfahrungen bringen unsere Seele zum Wachsen, ihre Unendlichkeit liebt neue Erkenntnisse. So bewegt sie sich ständig in diesem Lebenszyklus der Schöpfungstage und arbeitet mit Gott Hand in Hand.

Gebet mit Erzengel Uriel

„Erzengel Uriel, mein Leben erweist sich zurzeit als äußerst schwierig, und ich finde nicht die Kraft, diesem Kreis zu entrinnen. Bitte löse meine Existenzängste auf. Gib mir den Mut und die nötige Kraft, mein Leben wieder in die Hand zu nehmen und den Alltag gut zu meistern. Stärke mein Wurzelchakra und löse sämtliche Blockaden in diesem auf. Lass meine Selbst-Achtung sich wieder voll entfalten. Danke."

Heilsteine Aquamarin, Chalzedon, Türkis

Als Heilsteine empfehlen sich hier der Aquamarin, Chalzedon oder auch Türkis. Die Auflagefläche bildet das Kehlchakra (Halschakra). Suchen Sie intuitiv aus den drei erwähnten Heilsteinen Ihren heraus und nehmen ihn wieder mit in das oben geschriebene Gebet. Die sanfte Energie des Erzengel Uriel berührt Ihre Seele.

Als Baum steht hier die Tanne zur Verfügung. „Die Tanne ist mehr warm als kalt und hat viele Kräfte in sich und bedeutet die Tapferkeit." Auch der Lorbeer eignet sich hervorragend: „Lorbeer ist mehr warm als kalt und hat etwas Trockenes und bedeutet die Standhaftigkeit."[12]

Gleich zwei Exemplare, die uns das Leben erleichtern. Wie gern holen wir uns die Tanne zur Weihnachtszeit ins Haus. Die Geburt Jesus wird gefeiert. Sein Erscheinen brachte Erlösung und neues Leben, immerwährendes Leben. Lorbeer bietet sich als wohlschmeckendes Gewürz an, aber auch als Pflanze für den Garten. Diese

---

12 Hildegard von Bingen Heilsame Schöpfung – Die natürliche Wirkkraft der Dinge, Physica, Herausgegeben von der Abtei St. Hildegard, Eibingen, Beuroner Kunstverlag, 1. Auflage 2012, Seite 217, 3.23 Tanne und 3.15 Lorbeer Seite 206

benötigt viel Sonne und Licht genau wie wir als Mensch. Erhält sie diese, bietet sich uns eine wunderschöne Kübelpflanze. Als Gewürz nehmen wir ihre Energien der Standhaftigkeit schon mit der Nahrung auf.

Aufgabenzusammenfassung

5. Schöpfungstag

1. Gebet mit Erzengel Uriel 6 Tage
2. Arbeit mit Heilstein Ihrer Wahl (Aquamarin, Chalzedon, Türkis) zur Stärkung des Halschakra

6. Schöpfungstag – Vieh, Kriechtiere und Wild – die Schöpfung des Menschen, Seelenkraft Selbst-Meisterung (Stirnchakra)

Am 6. Tag erstrahlte der vollendete Mensch. Alle Geschöpfe sind ohne Mangel geschaffen. Der Mensch trägt alle Geschöpfe in sich. Diese Sätze erzeugten eine große Ehrfurcht in Hildegard. Hier zeigt sich die einzigartige Wertschätzung Gottes dem Menschen gegenüber. Der Mensch wurde mit dem Wissen aller Lebewesen ausgestattet. Wie sehr schmerzte es Hildegard sehen zu müssen, wie der Mensch sich geißelte, seinen eigenen Körper ausmergelte, sich mit Schuldgefühlen belastete und versuchte, mit Askese eine Wiedergutmachung zu erreichen. Immer wieder beherbergte sie Menschen, die sich genau damit straften und ihren Körper und somit auch ihre Seele misshandelten. Die eigene Wertschätzung glich einem Trümmerfeld. Hildegard deckte die Ursachen dieses Verhaltens auf und „injizierte" ihnen Liebe. Mit all ihrer Kraft versuchte sie das Licht in ihnen wieder anzuzünden. Sie fühlte die Qual der Seelen, der Körper. Sie übergoss sie mit Barmherzigkeit und Mitgefühl. Das Licht in ihr wuchs mit jeder Behandlung. Es stärkte nicht nur den Kranken, sondern auch sie selbst. Diese Aufgabe nahm sie gerne und mit voller Inbrunst an. Es fiel ihr leicht, in solchen Momenten die Menschen zu ermahnen und wenn diese einwilligten, das Ruder umzudrehen. Wie oft sprach sie von Reue und Umkehr. Auch wenn es ihrer Zeit geschuldet war das Wort „Strafe" zu nutzen, wusste sie um die Liebe und Fürsorge Gottes. Ihr Weitblick ließ sie vieles schon erahnen. Das stieß mit Sicherheit auch auf Widerstand. Aber durch die himmlische Führung lernte sie damit umzugehen. Die großen Zusammenhänge erkennen zu dürfen, brachte ihr ein einzigartiges Heilwissen ein, mit dem sie ihrer Zeit voraus war und so die Menschen schon auf ganzheitlicher Ebene behandelte.

„Er sah mit dem Blick Seiner Güte, dass es gut und nützlich war, dass der gesamte Erdkreis die Fülle der Ehre des Menschen in sich hat".[13]

---

13 Hildegard von Bingen Das Buch vom Wirken Gottes Liber Divinorum Operum, Herausgegeben von der Abtei St. Hildegard, Eibingen, Beuroner Kunstverlag, 1. Auflage 2012, Seite 271, 43. Der sechste Schöpfungstag

So wie der Mensch aus Liebe und Fülle besteht, ist dies auch bei Mutter Erde so. Gott gab uns Mutter Erde, um zu erfahren und zu erkennen. Sie ist ein heiliger Ort, der die Liebe Gottes in sich trägt – ein Ort der Erkenntnis und des Wiedererkennens. Hier dürfen wir erleben, wie sich Dunkel wieder in Licht verwandelt, wie sich Dualität und Entscheidungen auswirken.

Ebenso erfahren wir hier hautnah, welche Auswirkungen unsere Gedanken und unser Handeln nach sich ziehen. Mutter Erde zeigt sich als ein Spiegel des Menschen. Als Energiekörper symbolisiert sie die Wertschätzung Gottes dem Menschen gegenüber. Einst als strahlender Planet, erleben wir jetzt jegliche unserer Auswirkungen direkt vor Ort.

Auch wenn es sich wie Trennung anfühlt, ist der Lichtfunke Gottes in uns. Jederzeit kann er sich durch unsere Wahl verändern. Es ist ein großes Geschenk, das Zuhause in uns fühlen zu dürfen, in uns zu tragen. Es gibt kein Alleinsein. Die Seele stellt sich als der Himmel dar und wird durch den Glauben erkannt. Der Körper symbolisiert Mutter Erde und wird durch Sehen erkannt. Himmlisches und Irdisches sind vereint, ein Teil ist sichtbar, der andere unsichtbar. Durch das Geschenk unserer Sinne dürfen wir das Unsichtbare, das große Netzwerk der Liebe, fühlen. Unser Herz weiß um die große Heilkraft der Seele. Die Seele wiederum gibt uns Zeichen.

Gerade hochsensible Menschen gelangen in eine Wahrnehmung, die sich oftmals als herausfordernd darstellt, auf der anderen Seite aber eine große Empathie entstehen lässt. Sie wissen um das Befinden ihres Gegenübers. Gott schenkt dem Menschen Mutter Erde, um zu lernen: Wertschätzung, Achtung, Säen und Ernten, Leben. Somit erhält der Mensch eine große Verantwortung nicht nur für sich, auch für Mutter Erde. Und immer wieder erfährt der Mensch göttliche Gnade. Jeder, der sich auf seinen Weg begibt, wird immer wieder an Hindernisse stoßen, die er nicht sofort beheben kann. Aber jeder Wille nach Überwindung wird belohnt. Der Mensch mit seinem großen Wissen um Heilung in sich kann genau mit diesem Mutter Erde wieder zum Erblühen bringen. Seine Liebe befruchtet Mutter Erde. Die Symbiose von Mensch und Mutter Erde zeigt sich in einer strahlenden Heilkraft. Beide Lebewesen arbeiten miteinander, bilden eine Gemeinschaft der Liebe und der Heilung.

Diese Gemeinschaft schließt sich dem großen Liebesnetzwerk an. Mit Achtung, Demut und Respekt ist eine Anhebung der Energien möglich. So können alte Wunden heilen. Jeder trägt seinen Beitrag dazu bei. Und diese Gemeinschaft ist wiederum nur ein Teil einer weitaus größeren Gemeinschaft von Gott, Erde, Mensch, Engel. Alles ist miteinander verwoben und wirkt sich auf alles und alle aus. Strahlen wir Liebe aus, findet diese durch das Gesetz der Resonanz wieder Wesen mit der gleichen Schwingung. Es ist, wie wenn ich einen Stein ins Wasser werfe, und der Kreis um die Stelle, an der der Stein eintauchte, breitet sich immer mehr aus.

„Jede Anordnung Gottes ist in den Geschöpfen wegen des Menschen getroffen worden."[14]

Diesen Satz zu verinnerlichen, kann unser Herz nur öffnen. Auch hier zeigt sich wieder Gottes Wertschätzung dem Menschen gegenüber. Alles ist eine Symbiose, und der Mensch besitzt die großartige Aufgabe, durch seine geschenkte Vernunft zu entscheiden. Gott schuf alle Geschöpfe ohne Mangel. Das Gefühl von Mangel implementierte sich in uns als Lernerfahrung auf dem Weg zur Mutter Erde. Die Überwindung dieses Gefühls präsentiert sich als Herausforderung. Hinter all der Dunkelheit steckt immer das Licht. Unter dem Gefühl des Mangels liegt die Fülle. Sie wartet nur darauf, wieder aufgedeckt zu werden. Gott schuf mit den Tugenden den Menschen zum Aufbau der Kirche. Das heißt nichts anderes, als mit heilsamen Lebensmustern die unsichtbare Ur-Kirche als Heilzentrum (Seelenakademie) wirken zu lassen, den Baum des Lebens zu erklimmen und als Heimat anzunehmen. Krankmachende Muster sind veränderbar. Unter ihnen liegt das Licht der Liebe. Jeder noch so kleine Schritt bringt uns dem Licht, der Fülle, des Wohlbefindens ein Stück näher.

Die Ur-Kirche sieht Hildegard als Säule dem Menschen gegenüberstehen und in der Mitte findet sich ein Fundament. Diese Beschreibung symbolisiert unter anderem die Wiedervereinigung von

---

14 Hildegard von Bingen Das Buch vom Wirken Gottes Liber Divinorum Operum, Herausgegeben von der Abtei St. Hildegard, Eibingen, Beuroner Kunstverlag, 1. Auflage 2012, Seite 274, 43. Der sechste Schöpfungstag

Maria Magdalena und Jesus. Das Fundament bildet ihr Kind – es entsteht eine Familie, eine heilige Familie. Es ist ein großartiger Schöpfungsprozess. Schiebe ich beide Säulen mit dem Fundament zusammen, entsteht das Heilkreuz, das gleichschenklige Kreuz. Und schon sind wir wieder im Heilgeschehen, im Heilzentrum. Ein anderer Aspekt sind als eine Säule die Seelenkräfte als Heilkräfte der Ur-Kirche (Buch des Lebens) und auf der anderen Seite der Mensch (das Leben). Sehe ich die Ur-Kirche z. B. als Buch des Lebens, sind in ihr alle Aspekte des Lebens enthalten. Die Seelenkräfte nahmen in einem unserer Leben mehr Raum ein als in einem anderen. Dennoch standen sie uns jederzeit zur Verfügung. Der Mensch als Leben erfährt alles Leben auf Mutter Erde. Er ist die Form des Lebens als Mensch. Er lebt diese Form. Das Fundament als der sogenannte 10. Engelchor war der Platz, an dem Luzifer einst zu Hause war. Der 10. Engelchor symbolisiert die Vergöttlichung des Menschen. Als Luzifer auf Reisen ging und mit seinem Liebesdienst diesen Platz verließ, entstand eine Lücke. Diese wird jetzt nach und nach wieder mit Leben und Liebe aufgefüllt.

Der „verlorene Sohn" darf zurückkehren. Es bedarf noch einiger Anstrengungen, Luzifer wieder als leuchtenden Engel an diesen Platz zu bringen. Seine Rückkehr, seine Transformation erweist sich als Indiz dafür, dass der Platz der Liebe jedem offensteht, der bereit ist, seinen eigenen Transformationsprozess zu durchlaufen. Der 10. Engelchor wird mit Leben und Seelenkräften wieder aufgefüllt und auf dem schon vorhandenen Fundament zu einem strahlenden Wesen werden, Gott und der Mensch in einem. Gott straft nicht und gibt jedem Lebewesen die Chance des Wandels und der Transformation in Liebe. Die verbliebenen neun Engelchöre halten das große Gebilde der zehn aufrecht.

Dem Menschen ist die Aufgabe anvertraut, die Seelenakademie in sich wirken zu lassen, sodass ihre Energien auf der Erde wirken können. Damit ist gesichert, dass das Werk Jesus weiterwächst und zur Vervollkommnung heranreifen kann. Jesus brachte uns die bedingungslose Liebe auf die Erde. Die Gesetzmäßigkeiten des Lebens waren sein Geschenk an uns. Leben ist pulsierende Energie, die sich zyklisch zeigt. Alle Lebewesen sind davon betroffen. Seelen möchten sich entwickeln, sie möchten erfahren, Wunden in Heilung bringen, Schmerz auflösen, Karma abarbeiten und so den Zyklus der Vollendung erleben. Aus dem Licht in die Dunkelheit und wieder ins Licht zurück – eine Trennung, die letztendlich doch keine ist. Die Gefühle von Kummer, Sorgen, Angst, Panik, Hass, Wut können nur entfernt vom Licht empfunden werden. Der Mensch in seiner von Gott geschenkten Größe erweist sich als Träger all dieser Gefühle, aber auch all des Lichts. Er darf entscheiden, in welche Richtung es geht. Die Tugenden (Seelenkräfte) wie Demut, Achtung, Respekt, Liebe, Barmherzigkeit, die letztlich auch Energieformen sind, sollen den Menschen vollenden, vollenden in seinen Erfahrungen. Es sind Erfahrungen, die Gott täglich lebt. Gott zeigt sich im Menschen mit all Seinem Leben. Die heilenden Energien der Seelenkräfte sind jederzeit erhältlich.

Der 6. Tag steht für Gehorsam, für das Dienen. Mit dem Menschen versinnbildlicht Gott Sich selbst. Das Göttliche ist so tief in uns verwurzelt. **Gott gab Sich mit dem Menschen eine Form, etwas Sichtbares.** Es stellt sich als reinster Liebesakt dar. Die göttliche heilende Energie baute letztendlich den Menschen auf. Gespickt mit allen möglichen anderen Energien entstand ein Werk der Liebe, welches von Inkarnation zu Inkarnation die dunklen Energien in helle transformiert. Das größte Ziel und der größte Wunsch jeder einzelnen Seele ist die Transformation in Liebe. Diese Erfahrungen fordern heraus, aber am Ende bleibt immer die göttliche Liebe.

In jeder Inkarnation leben wir verschiedenste Energieaspekte und stehen im Himmel Schlange, bis sich alles wieder in reinste göttliche Liebesenergie umgewandelt hat. Dabei durchläuft die Seele viele Zyklen und sammelt Erfahrungen, um ab einem bestimmten Zeitpunkt anderen Seelen dienen zu können. Den Baum des Lebens zu durchleben bringt Glückseligkeit. Aber alles bleibt ein großer Dienst an Gott, am Göttlichen. Dabei spielt die Nächstenliebe eine große Rolle. Diese ist in einer Gemeinschaft der Liebe unabdingbar. Das Erkennen des göttlichen Potentials der Liebe in jedem einzelnen Menschen schafft die heilende Verbindung von Himmel und Erde. Der 6. Tag lässt alle Tugenden zusammenwirken. Die Gemeinschaft der Liebe schafft ein einzigartiges Energiefeld der Heilung. Selbst- und Nächstenliebe treffen sich und sind miteinander verwoben. Die große Gemeinschaft erstrahlt, in ihr jeder einzelne Mensch, jedes einzelne Lebewesen, ob himmlisch oder irdisch. Wir sind eins, eine friedliche Gemeinschaft – die Vollendung. Das Energiefeld der Liebe wird es schaffen, die Prägung der Angst und des Machtmissbrauchs zu überschreiben. So verliert sie an Energie und ein Fundament für die bedingungslose Liebe verstärkt sich. Energien von einem friedlichen Miteinander, einer gemeinsamen Weiterentwicklung, einer gegenseitigen Unterstützung bauen auf diesem Fundament auf. Somit schafft sich eine Seelengemeinschaft einen Raum des Lichts. Aus der Mangelprägung darf eine Prägung der Fülle entstehen. Andere Seelen sind hier gern gesehen, um ihren eigenen Transformationsprozess mit Unterstützung zu durchlaufen. Das macht den Sinn, die Urgestalt von Kirche aus. Sie zeigt sich als Seelenakademie und somit als Heil- und Ausbildungszentrum, ausgestattet mit all dem heiligen Heilwissen.

Gebet mit Maria Magdalena

„Maria Magdalena, bitte befreie mich von sämtlichen Schuldgefühlen. Bringe die Härte in mir zum Schmelzen. Bringe mich in den heiligen Akt der Vergebung und Versöhnung. Richte mich auf und heile mein Herz. Lass mich alle Inkarnationen als wertvolle Erfahrungen des Wachstums annehmen. Entferne all die noch vorhandenen Schmerzen, die ich in allen Inkarnationen als Frau erlitt. Stärke all die mütterlichen Eigenschaften von Güte, Barmherzigkeit, Milde und Vertrauen in mir. Danke."

(Sprechen Sie das Gebet an 6 aufeinanderfolgenden Tagen und nutzen zusätzlich einen Heilstein.)

Heilsteine Lapislazuli, Sodalith, Saphir

Auf das Stirnchakra legen Sie einen Lapislazuli, Sodalith oder auch Saphir. Wählen Sie auch hier intuitiv Ihren Stein aus. Alle drei Steine zeigen sich im wunderbaren Blauton. Mutter Maria wird die Kraft der Steine im Gebet noch einmal verstärken.

Aufgabenzusammenfassung

6. Schöpfungstag

1. Gebet mit Mutter Maria 6 Tage
2. Arbeit mit Heilstein Ihrer Wahl (Lapislazuli, Sodalith, Saphir) zur Stärkung des Stirnchakra

7. Schöpfungstag – Segen über die vollendete Schöpfung und Gottes Ruhe: Seelenkraft Selbst-Befreiung (Scheitelchakra)

Die Aufgaben sind erfüllt, das Werk vollbracht, die Energien im Gleichgewicht. Stille und Ruhe kehren ein. Die sieben Seelenkräfte haben dem Menschen und der in ihm wohnenden Seele ihren heilenden Dienst erwiesen. Der Mensch nahm diesen an und gelangt in seine Mitte. Die Verschmelzung der Energien erwies sich als vollendetes Werk und verstärkt das Licht in allem Leben. Abhängigkeiten sind aufgelöst, Ängste abgelegt, Versöhnung eingeläutet, Schuld- und Schamgefühle geheilt. Auch wenn dies nicht jeden Tag gleich gut gelingt, ein großer Anfang ist getan.

Das Eins-Sein stellt sich als größter Dienst heraus. Himmel und Erde sind im Einklang, die Schwingungen der Liebe umweben Mensch und Gott. Die Umarmung durch Gott vollendet den Liebesdienst und die Engelchöre triumphieren im herrlichen Gesang. Alles ist eins, eine einzigartige Verschmelzung. Ein Zyklus findet sein Ende und lässt den nächsten sich öffnen. Vergebung und Versöhnung schmelzen jede Schuldzuweisung, jeden Hass, jeden Schmerz weg. Vater, Sohn und Hl. Geist treffen sich in tiefer Vereinigung, himmlisch und irdisch. Ihre Liebe spendet Frieden und weiteren Seelen neue Aufgaben. Tiefste Versöhnung kann sich vollenden. Das Werk des himmlischen Kirchenbaus (Heilzentrum – Christus) geht in die nächste Runde. Wieder warten Seelen darauf, diesen Zyklus zu durchlaufen, um am Bau in Liebe beteiligt zu sein.

Es ist der Tag des genussvollen stillen Dienens. Die Ruhepause des Danach vor dem Davor – pure Freude und Glückseligkeit. Das Genießen will heute noch von vielen Menschen erst wieder gelernt werden. Ich darf mich an mir erfreuen, meinem Leben, meinem Da-Sein, meiner Liebe. Jede Minute darf ein Genuss sein. Diese Energien lassen das Herz vor Freude übersprühen. Explosionsartig sprudelt Liebesenergie aus meinem Herzen. Die Vollkommenheit gibt mir das Gefühl von tiefem Frieden, vom Zuhause in mir. Das Göttliche in mir „verführt" mich in den Genuss. Da ist nichts mehr an Traurigkeit, an Zweifel oder Alleinsein. Diese tiefe Vereinigung lebt sich aus mir heraus und gibt neue Impulse für den nächsten Zyklus. Es zeigen sich eine ungeahnte Klarheit und ein tiefes Fühlen.

Dieser Tag symbolisiert unter anderem das Symbol der Unendlichkeit, das gleichschenklige Heilkreuz, die Merkaba. Das Fundament und die beiden Säulen treffen in tiefer Vereinigung aufeinander.

Heilsteine Amethyst und Bergkristall

Nutzen Sie hier die Stille. Legen Sie sich mit einem Amethysten oder Bergkristall, der über Ihrem Kopf liegt (Scheitelchakra), hin. Genießen Sie die Ruhe. Freuen Sie sich über das, was Sie in den letzten Wochen geschafft haben. Jeder kleinste Schritt darf noch einmal ins Bewusstsein gelangen. Es ist Ihr Weg in Ihre Selbst-Liebe. Gern können Sie Ihr Tagebuch jetzt über eine aus Rosenquarz-Steinen gebildete liegende Acht legen. So strömen noch einmal ausgleichende Energien in Ihre Arbeit.

Konnten Sie Gefallen an den Heilsteinen finden, so haben Sie jetzt die Möglichkeit, eine liegende Acht aus Rosenquarz, Bergkristall und Amethyst auf dem Boden auszulegen und sich direkt davor zu setzen oder auch zu legen, sodass die Füße direkt zum Symbol zeigen. Bleiben Sie ca. 20–30 min. in dieser Position und vertrauen Sie der Kraft der Steine. (Darf gern an 6 Tagen durchgeführt werden.)

Aufgabenzusammenfassung

7. Schöpfungstag

1. Arbeit mit dem Rosenquarz, Bergkristall und Amethyst
2. Stille genießen!

Die Verbindung der sieben Tugenden mit unseren sieben Energiezentren (Chakren) und dem Baum des Lebens

Die folgende Darstellung zeigt das Energienetz der Seelenkräfte mit den Chakren und dem Lebensbaum auf. Alles bildet eine Einheit und findet sich in der Seelenakademie wieder. Es gibt keinen Anfang und kein Ende. Ist ein Teil in diesem Netz blockiert, wirkt sich das auf alle anderen Teile aus. Durch die Verbundenheit ist immer ein Ausgleich möglich. Die einzelnen Teile dieser Einheit unterstützen sich gegenseitig. Wie eine Gemeinschaft sind alle füreinander da.

Beziehe ich die Seelenkräfte auf den Baum des Lebens, ergibt sich folgendes Bild:

Die **Selbst-Wertschätzung** bildet unser Fundament. In ihr finden wir die Wurzel der Liebe, die sich himmlisch und irdisch ausbreitet. Fühlen wir uns einsam, gelingt es uns in diesen Momenten nicht, an diese Wurzel zu gelangen.

Die **Selbst-Liebe** offenbart sich im Stamm. Wie eine feste Einheit ist sie mit allen Teilen verbunden und trotzt allen widrigen Umständen. Die feste Baumrinde schützt das zarte, aber kraftvolle Innenleben.

Das **Selbst-Vertrauen** zeigt sich in den Ästen. Wie ein Fächer breiten sie sich aus. Das starke Fundament der Selbst-Wertschätzung und der darauf aufbauende Stamm, die Selbst-Liebe, lassen das Selbst-Vertrauen gedeihen. Die Äste gelangen in alle Richtungen und bringen immer wieder neue hervor. Ohne eine gesunde Wurzel ist keine Ausbreitung möglich.

Die **Selbst-Vergebung** präsentiert sich in den Blättern des Baumes. Ihr herrliches Grün im Frühling und ihr Farbenspiel im Herbst zeugen von einem freien Energiefluss, von Freiheit, Unabhängigkeit und Lebensfreude. Auch dies kann nur durch ein gesundes Fundament und den Fluss der Liebe gelingen.

Die **Selbst-Achtung** bringt die bevorstehende Ernte hervor. Als Fruchtansatz zeigt der Baum seine weitere Ausbreitung, seinen gesunden Energiefluss.

Als reife Frucht zeigt sich anschließend die **Selbst-Meisterung**. Alle Aufgaben sind erfüllt, gemeistert. Es ist vollbracht, der Tag der Ernte, der Vollkommenheit, ist erreicht.

Nun kann sich der Baum in alle Himmelsrichtungen ausdehnen, sich frei bewegen. Die **Selbst-Befreiung** findet hier ihren Ausdruck. Allem voran gingen das gesunde Fundament, der freie Fluss der Liebe und das Vertrauen ins eigene Potential.

Demut (**Selbst-Wertschätzung**) = Wurzel-/Basis-Chakra = Fundament = *Wurzel*	*Liebe* (**Selbst-Liebe**) = Sakral-/Nabel-Chakra = Selbst-Liebe, Leben mit allen Sinnen genießen = *Stamm*
Furcht des Herrn (**Selbst-Vertrauen**) = Magen-Chakra/Sonnenge- flecht = Ich-Stärke, Wertschätzung Gottes = *Äste*	*Gehorsam* (**Selbst-Vergebung**) = Herz-Chakra = Verständnis, Selbstannahme = *Blätter (in allen Formen und Farben)*
Glaube Gottes (**Selbst-Achtung**) = Hals-Chakra = Verstand, Vernunft, Vertrau- en, Kommunikation = *Fruchtansatz*	*Hoffnung* (**Selbst-Meisterung**) = Stirn-Chakra = Freiheit, Intuition = *reife Frucht*
Keuschheit (**Selbst-Befreiung**) = Scheitel-Chakra = Ursprung, Vollendung, Selbst- verwirklichung = *Ausdehnung des Baumes*	

Mutter Erde wird heute wieder einem großen Reinigungs- und Aufstiegsprozess unterzogen. Offene und verborgene Wunden zeigen sich. Der Planet aktiviert sein Heilpotential und strahlt von innen heraus. Die tiefe Liebe von Mutter Erde berührt uns Menschen. Wie eine Mutter legt sie ihre Arme um uns und gibt uns Impulse zur Veränderung. Sie ist bereit, diese Veränderungen mit uns gemeinsam zu durchlaufen. Sie weiß um all unsere Schwächen, aber auch um unsere Stärken und vor allem unsere Liebe tief in unseren Herzen. Ihre Signale erweisen sich als Aufforderung aber auch als reine Liebe, uns zu lehren. Ihre Möglichkeit der Regeneration ist vorhanden. Voraussetzung dafür ist unsere Liebe. Die Öffnung unserer Herzen ist unser Geschenk an sie. Die Arbeit an unseren Denk- und Verhaltensmustern beginnt mit dem Erkennen derjenigen, die uns hindern, blockieren und auch erkranken lassen.

Ihre bedingungslose Liebe erreicht gerade jetzt unsere Herzen. Das Bewusstsein für ein Umdenken ist gelegt, das Handlungspotential ist in uns. Mutter Erde zeigt uns, was einer Veränderung bedarf. Sie erweist sich als großer Spiegel unseres Innenlebens. Sie fordert uns auf hinzuschauen und mit all unseren Sinnen wahrzunehmen. Sie rächt sich nicht, noch straft sie. Sie deckt auf, wir müssen nur beobachten und erkennen. Das ist ihr Liebesdienst an uns. Sie stellt keine Bedingungen. Als große Mutter liebt sie all ihre Kinder und lehrt sie immer wieder, bis das Herz eines jeden Einzelnen sich als das Heilpotential, das es ist, öffnet. All die vielen Möglichkeiten dürfen sich realisieren. In jedem von uns steckt reinste Liebe, die wieder fließen darf. Diese Liebe ist nicht im Außen zu finden. Ein Abgeben nach außen ist natürlich erwünscht, aber in erster Linie ist diese Liebe, dieser Funke, für uns gedacht. Entzündet er sich, entzünde ich im gleichen Atemzug meine Selbst-Liebe. Durch den Spiegel von Mutter Erde kann ich für mich spüren, welche Ereignisse in mir eine Resonanz hervorrufen. Ist diese schmerzhaft oder regt mich zum Kritisieren, Urteilen und Bewerten an, befindet sich diese Baustelle auch noch in mir. Eine Wunde zeigt sich, die ich vielleicht die ganze Zeit gut verdrängen und verstecken konnte, weil ich mich im Außen orientierte. Aber letztendlich ist es mein Schmerz, der jetzt geheilt werden möchte. Mutter Erde weiß um die Gesetzmäßigkeiten, und das Gesetz der Resonanz ist ein wunderbares Hilfsmittel, wenn wir in die Rolle des Beobachters schlüpfen.

Der Aufstiegsprozess von Mutter Erde zeigt uns das Zusammenspiel von ihr und uns. Unsere eigenen Veränderungen brachten letztendlich diesen Prozess mit sich. Wir haben ihn uns in vielen Inkarnationen erarbeitet. Wichtige Helfer waren und sind dabei auch die Pflanzen und Tiere. Mutter Erde durchlebte mit uns all diese Inkarnationen mit ihren jeweiligen Merkmalen. Auch sie spürte den Hass, die kriegerischen Auseinandersetzungen, den Raubbau an ihr selbst und vieles mehr. Eines ist uns aber nie abhandengekommen – die Liebe in uns. Jeder Mensch trägt sie in sich, auch wenn er sie oftmals nicht für sich und andere nutzt. Es ist genau dieser Liebesfunke, der diese Veränderung in Gang setzte. Nun sind wir wieder mittendrin im Geschehen. Gefühlt wie ein großes Chaos zeigt sich das Weltengeschehen als Spiegel menschlichen Denkens, Fühlens und Handelns. Jetzt ist es an der Zeit, dieses Chaos aufzuräumen. Dafür stehen die Seelen Schlange, um genau diesen Liebesdienst ausführen zu dürfen. Jeder, der sich dafür öffnet, wird belohnt und belohnt die ganze Seelengemeinschaft. Jeder Mensch bringt seine Lebensgeschichte mit und darf mit Hilfe der Seelenkräfte Negatives umwandeln. So kann sich das Fundament des 10. Engelchores zu einem großen „Gebäude" emporheben und das Energiefeld von Mutter Erde mit noch mehr Liebe ausdehnen. Mutter Erde wird weiterhin als Lehrerin für uns da sein und uns ihre Mahnungen weitergeben. Der Raubbau an ihr wird ein Ende finden. Ihre Zeichen werden wir nicht übersehen.

Verbindung Mensch und Seelenakademie
(Ur-Kirche/Ur-Mutter)

In der 9. Vision des Werkes Scivias darf Hildegard noch einmal Zusammenhänge menschlichen Verhaltens und der Ur-Kirche sehen.[15] Mensch und Ur-Kirche sind miteinander verbunden. Das Band zur Ur-Kirche ist existentiell. Es stellt eine göttliche Vermählung mit dem menschlichen Leben dar. Diese Lebensform und dieses Band spiegeln sich unter anderem in der liegenden Acht wider. Es gibt keine Trennung zwischen Mensch und Gott, zwischen Mensch und Ur-Kirche. Diese Ur-Kirche ist als Seelenakademie zu sehen. Die heilenden und lehrenden Energien der Seelenakademie erreichen uns in unseren Herzen. Die Herzverbindung wurde nie aufgehoben. Als Jesus am Kreuz hing, gab Gott ihm Seine Kirche als Braut, das heißt das Band der Unendlichkeit bekam wieder seine ursprüngliche Form. Die Symbolik der liegenden Acht zeigte sich wie eine heilige Vermählung. Die Energie der Ur-Kirche, der Seelenakademie mit ihren Seelenkräften, begann ungehindert zu fließen. Alte Prägungen begannen sich zu transformieren. Dieser Vorgang hält auch heute noch an.

Die Verdunklungskraft der Institution Kirche wurde ihrer Energie „beraubt". Der Ursprung der Laster verlor an Gewicht und konnte sich nicht weiter ausbreiten. All die Laster entwickelten sich aus einem Gefühl von Mangel. Die Kirche bekam eine neue Chance an Heilung. Gerade heute steht die Institution Kirche vor einer großen Herausforderung, der der Selbstheilung. Werden ihr Veränderungen in Richtung Licht und Öffnung nicht gelingen, sieht sie sich vor einem Zusammenbruch, einer Implosion. Dies bedeutet aber nicht das Ende von Kirche, sondern einer kompletten Erneuerung. Jeder einzelne in dieser Institution ist gefordert. Eine neue Form

---

15 Hildegard von Bingen Wisse die Wege, Liber Sciviais, Herausgegeben von der Abtei St. Hildegard, Eibingen, Beuroner Kunstverlag, 2. Auflage 2012, Seiten 446–459

von Kirche darf entstehen, so wie Hildegard sie sehen durfte – ein Heilzentrum, eine Begegnungsstätte des Friedens, der Wertschätzung, der Kommunikation auf Augenhöhe – die Seelenakademie. Moralpredigten und Kniefall sollten dann der Vergangenheit angehören. Die Heilung kann nur aus dem Inneren erfolgen, also durch jeden einzelnen. Das Lebewesen Kirche ist auf allen Ebenen schwer erkrankt und bedarf bis auf Seelenebene einer Heilung. Die Symbolik der liegenden Acht, der Unendlichkeit, bleiben ihr erhalten. Wie die Heilung vollzogen wird, liegt in der Verantwortung der Kirche. Nach dem Reden ist jetzt Handeln erforderlich. Die göttliche Liebe steht ihr zur Verfügung, inwieweit sie diese für sich annehmen kann und einsetzt, entscheidet sie als Institution. Ein Wandel ist unumgänglich. Nun liegt es in ihrer Hand, wie sich dieser Wandel gestalten wird. Gelingt ihr dies nicht, werden ihr weiterhin heilende Energien entzogen. Die Seelenkräfte der Ur-Kirche, der Seelenakademie, wirken auch in der Institution Kirche, soweit diese sie zulässt. Beide Lebewesen sind energetisch miteinander verbunden. Das Fundament für den Neuaufbau ist schon lange gelegt, und genau hier warten die heilenden Energien der Seelenakademie.

Hildegard beschreibt in dieser Vision die Auswirkungen menschlichen Verhaltens, wenn er mit der Energie der Ur-Kirche, der Seelenakademie und den Seelenkräften in Verbindung kommt. Da diese Verbindung nie getrennt ist, entscheidet jeder, wie er mit dieser heilenden Verbindung, den Seelenkräften, umgeht. Es erfolgt eine Unterscheidung in vier Kategorien. Letztendlich geht es um die menschlichen Temperamente: Choleriker, Melancholiker, Sanguiniker und Phlegmatiker. Hildegard weiß um diese Muster und deren Auswirkungen auf unsere Gesundheit. Jedes einzelne beeinflusst unser Wohlbefinden auf allen Ebenen. Letztendlich entstanden diese durch eine Verschiebung und ein Ungleichgewicht des Vierkörpersystems. Die Prägung durch das Ur-Trauma ließ derartige Verhaltens- und Denkmuster entstehen.

Hildegard sieht die Menschen mit unterschiedlichsten Gewändern bekleidet, die ich gerne als Energiekleid bezeichne. Es zeigt sich eine Zusammenballung von z. B. Neid-, Hass-, Trägheits-, Angst-, Mut- oder auch Einsichtsenergien. Die Richtung bestimmt der Mensch mit seinem Verstand und seinem freien Willen. Einen

Großteil bringen wir uns als Aufgabe mit in dieses Leben. Auch wenn sich fast jedes Kleid zu Beginn in eine dunkle Masse einhüllt, lässt sich diese durch unser Handeln und die Zusammenarbeit mit den Seelenkräften in Leichtigkeit umwandeln und transformieren. Gott unterstützt uns in diesem Handeln und freut sich über jeden einzelnen Schritt. Die folgenden Übersichten zeigen stichpunktartig alle Kategorien auf.

Hildegard beschreibt die Ermahnung durch Gott. Täglich spricht Er mit uns und berührt unser Herz. Er weiß um die Härte vieler Herzen und wünscht sich nichts sehnlicher als die Aufweichung. Hierzu können wir Gott um Hilfe und Befreiung bitten, z. B. durch ein Gebet. Oftmals erhalten Seine Antworten Anleitungen zu bestimmten Handlungen. Sind wir bereit, diese Veränderungen einzugehen, steht uns eine ganze Heerschar himmlischer Begleiter zur Verfügung. Der erste Schritt erweist sich oft als der schwierigste. Ist die erste Hürde aber einmal genommen, erfahren wir wundervolle neue Möglichkeiten. Verharren wir in einer Starre, treten Unzufriedenheit und auch Selbstbetrug in Erscheinung.

Gewand leicht	Gewand schwer
Glaube, Demut, Himmlisches mit innerem Auge sehen, Eingebung durch Hl. Geist (Klarheit, Handeln, Flexibilität)	Traurigkeit, Bürde, Glaube nicht annehmen, hartes Herz (Verbitterung und Starre)

Die Möglichkeit einer Transformation schenkt Gott uns jeden Tag. Die Seelenkräfte geben uns täglich Möglichkeiten dazu. Sie geben uns Kraft, füllen unsere Energiespeicher, stärken unseren Geist, reinigen unsere Körper und geben uns jeden Tag aufs Neue den Mut, die einzelnen Schritte zu gehen.

Menschen, die Gewand anbehalten	Menschen, die Gewand wütend ausziehen und wegwerfen
Gehen mit großer Anstrengung, von der Inspiration des Hl. Geistes ermahnt, den beschwerlichen, schwierigen Weg mit viel Mühe, ohne zu verzweifeln, ohne Überdruss (großer Glaube, großes Vertrauen)	Kehren in ihre Welt zurück. Halten Gottes Gesetz für lächerlich, verleugnen den Glauben. Lernen die brennende Lust an der Welt und verkehren sie in teuflisches Gespött. (kein Vertrauen, keine Wertschätzung, Sturheit)
Menschen, die zurückkehren und das weggeworfene Gewand wieder anziehen	**Menschen, die zurückbleiben**
Kehren vom Weg des Irrtums zurück zum göttlichen Bau. Werfen die Spaltung des Teufels von sich, nehmen das Gewand des wahren Glaubens an. (Wurden in der Seele berührt und fanden zum göttlichen Ursprung zurück, dem Urvertrauen).	Wollen nicht in aufrichtiger Reue zurückkehren. Sind des Gewandes der Unschuld beraubt; sind ohne das Gut gläubiger Taten; voll vom Bösen der Laster teuflischer Künste. Führen in größter Beschämung im Hier + Jetzt + in der Zukunft ihr Leben weiter (sind für eine Weiterentwicklung nicht offen, Stillstand, Götzenverehrung).

Menschen, die Gewand anbehalten

Was ist unter diesem Gewand zu verstehen? Hildegard beschreibt hier ein Energiekleid, welches mit Energien aus Neid, Hass, Missgunst, Schuldgefühlen, Ängsten, krankmachenden Lebensmustern zusammengesetzt ist. Dieses Energiekleid wiegt schwer und beschwert vor allem das Gemüt und die Psyche der Menschen. Es trägt Erfahrungen auch anderer Inkarnationen in sich. Das heißt, der Mensch, der dieses Kleid trägt, brachte sich seine Seelenaufgabe mit, die genau mit diesen Energien zusammenhängt. Darunter sind Erfahrungen aus anderen Inkarnationen zu finden, Wunden, Schmerzen, die noch nicht geheilt sind. Auch Karma, das noch nicht ausgeglichen ist, ist in dem Energiekleid zu sehen.

Diese Menschen und besonders ihre Seelen wissen um ihre Aufgabe, dieses dunkle Kleid in ein Lichtkleid zu transformieren. Sie spüren die Liebe Gottes und ihre eigene Liebe in sich. Ihr Vertrauen und ihr Glaube stärkt sie. Nichts kann sie von ihrem Weg abhalten. Es ist ein Weg der Selbsterkenntnis und letztendlich ein Weg der Liebe, ein Weg in die Selbst-Liebe. Hinter der Dunkelheit verbirgt sich das große Licht der Liebe. Der Heilige Geist ist ihr Lehrer. Sie wagen sich an ihre eigenen Schattenseiten heran. Mit viel Geduld und in Demut legen sie krankmachende Verhaltens- und Glaubensmuster frei und transformieren sie. Sie sind zu größten Veränderungen bereit und erreichen immer wieder ihr Licht im Herzen. Die Seelenkräfte lehren sie und zeigen ihnen Möglichkeiten der Selbstheilung auf. Sie spüren Gottes Nähe und ihr göttliches Potential in sich. Ihre Kraft ist magisch, die Freiheit ruft. Dieser Weg ist mühevoll, herausfordernd und oft grenzüberschreitend. Aber nichts hält diese Menschen davon ab, ihn zu gehen. Sie richten sich von innen heraus immer wieder auf. Die Ur-Kirche, die Seelenakademie mit ihren Seelenkräften als heilende Mutter, umhüllt sie wie ein Band reinster Liebe. Sie stehen mittendrin in der Symbolik der liegenden Acht und saugen die Energien auf. Sie spüren diese tiefe Verbindung in ihren Herzen und Seelen und können sich so immer wieder aufrichten. Ihr Gemeinschaftssinn ist stark ausgeprägt.

Menschen, die das Gewand wütend ausziehen und wegwerfen

Ihr Energiekleid ist gefüllt mit Misstrauen, Verletzungen, Sturheit, Angst vor Veränderungen, Beeinflussungen. Ihre Wut lässt sie blind sein vor der Fülle, die sie erwartet. Sie stecken voll im Mangeldenken. Diese Prägung hat Besitz von ihnen genommen. Sie sehen und fühlen das Gute nicht mehr. Schuldgefühle, seelische Verletzungen, Traumata, alte Glaubenssätze, eingetrichterte Moralvorstellungen und das eingebrannte Gefühl von „Ich bin nicht gut genug." oder

„Ich schaffe das sowieso nicht." erschweren ihre Wahrnehmung. Es entsteht ein Bild des Unfriedens, der Geltungssucht, der Herrschsucht, des Egoismus und letztendlich der Selbstzerstörung. Alles beruht auf Mangel. Stillstand ist eingetreten, Mut für Veränderung ging verloren. Ein Blick nach vorn ist ihnen nicht möglich. Die Liebe in ihnen bekommt keine Chance, ihr Licht zu entfalten. Der Weg in die Seelenakademie wird verabscheut. Die Transformation erschwert sich. Sie bleiben lieber auf der Stelle stehen, als Veränderungen, die mit Erkenntnissen verbunden sind, einzugehen. Es ist ein trügerisches Geschehen. Die Schwere kommt nicht zur Auflösung. Sie verharren in einer Starre und blockieren ihre Weiterentwicklung. Sie füttern die Mangelprägung und geben ihr Halt. Ihre Seele weint. Das Licht der Liebe erlischt in ihnen, der kleine Funke kämpft ums Überleben und muss lange auf Erlösung warten. Sie würden die liegende Acht gern verlassen, aber das gelingt ihnen nicht. Diese Verbindung wird nicht aufgelöst, aber der selbst erbaute Panzer verhindert auf lange Zeit eine Berührung mit dem heilenden Licht. Der freie Wille und das Ego lehnen dieses noch ab. Sie führen Krieg mit sich selbst. Auch alte traumatische Erlebnisse sind hier zu finden und erschweren zusätzlich ihren Weg der Transformation. Die Angst, wieder in das Trauma zu geraten, ist zu groß und lässt eine Auflösung nicht zu. Sie geraten früher oder später in eine Form von Verbitterung. Das schwächt Organe wie z. B. das Herz, die Leber, die Milz und auch den Darm.

Menschen, die zurückkehren und das weggeworfene Gewand wieder anziehen

Sind hier kleine Helden zu finden? Diese Frage kann nur mit JA beantwortet werden. Aus dem Gefühl von Verzweiflung, Wut, Selbsthass entdecken diese Menschen in sich doch das Licht, das Vertrauen, den Glauben an das Gute. Sie geben sich einen Ruck, setzen sich mit ihren Themen auseinander und nehmen diese an. Ein Prozess der Transformation beginnt. Sie wissen intuitiv um das, was zu tun ist. Es kommt etwas in Bewegung. Aus dem Erkennen wird Handeln. Sie fangen an, Veränderungen einzugehen. Auch wenn diese

mit Schmerz und Selbsterkenntnis einhergehen, sind sie bereit aufzuräumen. Sie übernehmen Verantwortung. Die Schuld wird nicht
mehr bei anderen gesucht. Nicht jeder in ihrem unmittelbaren Umfeld versteht ihr Handeln, aber es kommt aus ihrem tiefsten Innern.
Sie haben sich für Freiheit um-entschieden. Sie kehren zurück und
beginnen noch einmal von vorn. Die Seelenkräfte beraten sie. Die
Seelenakademie hält die Verbindung aufrecht. Das göttliche Licht
in ihnen brachte ihnen diese Erkenntnis und diese Kraft. Der Heilige Geist besuchte sie oft und führte sie in das Anfangsgeschehen
zurück, sodass sie das Kleid wieder anzogen. Mut, Disziplin und
Verantwortung für Gemeinschaft sind hier treibende Kräfte. Alter Schmerz, Ängste, traumatische Erlebnisse geraten noch einmal
in den Fokus. Diese Menschen gehen diese Themen mit Hilfe an.
Sie sind bereit, all diesen Schmerz in Auflösung zu bringen. Diese
Auflösung bringt sie in die Umwandlung von Denk- und Verhaltensmustern, sodass am Ende ein freies Leben zur Belohnung steht.

Menschen, die zurückbleiben

Hier finden wir Menschen, die sich mit dem schweren Energiekleid
„wohlfühlen". So denken sie. Sie befinden sich in Stillstand und
Trübsal, Hochmut und Zynismus. Schuld und Verdammnis finden
hier Zuflucht. Ein Festschmaus für die Mangelprägung. Das Ego ist
auf Opferbewusstsein und gleichzeitig Täterbewusstsein ausgerichtet. Sie sind nicht in der Lage für Veränderungen und bleiben lieber in ihrem Jammertal bzw. im Tal der Dunkelheit. All das Gute
erreicht sie nicht mehr. Sie nähren Hass, Missgunst, Sabotage und
verleumden ihr eigenes Licht. Ihr Funke des Glaubens, des Urvertrauens sprüht nicht – er wird nur noch kleingehalten. Ein Auf-
flammen ist derzeit nicht möglich. Ihre Sicht kennt keine Weite
mehr. Jeglicher Kampf um Veränderung ist sinnlos geworden. Sie
entfernen sich vom Licht und versuchen erst gar nicht, das Energiekleid zu transformieren. Sie bleiben zurück und kommen noch
nicht in den Genuss friedvoller Veränderungen in ihrem Herzen.
Die Verhärtung in ihren Herzen ist enorm und wartet sehnsüch-

tig auf ein Aufbrechen. Lethargie, Zynismus und Selbstzufriedenheit gesellen sich hinzu. Jegliche Dynamik ist verpufft. Dennoch sind sie jederzeit in der Gemeinschaft herzlich willkommen. Verhärtung, psychische Erkrankungen, Gelenk- und Darmbeschwerden können Folgen sein.

Keine der Entscheidungen ist falsch oder richtig. Jeder trifft seine Wahl. Hildegard beschreibt hier die Auswirkungen von Entscheidungen. Letztendlich geht es um die Aufgaben, die wir uns auf diese Welt mitgebracht haben. Die Ausführung dieser obliegt unserer Verantwortung. Der freie Wille wird nicht beeinflusst, es sei denn, ich lasse es zu. Das Leben mit all seinen Herausforderungen zu leben gewährt unserer Seele eine Weiterentwicklung. Die Ur-Kirche, die Seelenakademie als die heilende Mutter, öffnet jederzeit ihre Arme und gewährt uns Einlass. Sie unterscheidet nicht, ob Mann, Frau, Priester, Lehrer, Maurer... Alle sind willkommen. Sie versorgt uns mit ihrer Liebe, ihren Seelenkräften, gibt uns Rat, säubert unser Energiekleid, schenkt Trost, öffnet unsere Herzen, nährt uns, und das zu jeder Zeit. Von unserer Seite her ist nur Bereitschaft erforderlich. Es ist ein Geschenk Gottes, welches Jesus mit seinem Kommen in unser Bewusstsein „brannte".

Mutter Erde = irdische Mutter (Lebensschule für die Seele im menschlichen Körper – Materie)

Ur-Kirche = himmlische Mutter (Seelenakademie mit den Seelenkräften – Geist)

Entscheiden wir uns für das Annehmen des Lebens mit seinen Höhen und Tiefen, umhüllt das entsprechende Energiekleid unseren Körper. Hildegard beschreibt viele Möglichkeiten, unsere Körper zu pflegen, zu entgiften, sie gesund zu erhalten. Eines ihrer Mittel ist der Wermut. Über ihn ist zu lesen: „Wermut ist sehr heiß und sehr wirkungsstark und meistert am besten alle Erschöpfungszustände."[16]

Als Kur ist der Wermuttrank „von Mai bis Oktober alle drei Tage nüchtern" einzunehmen. Empfohlen wird ein Likörglas am

---

16 Hildegard von Bingen Heilsame Schöpfung – Die natürliche Wirkkraft der Dinge, Physica, Herausgegeben von der Abtei St. Hildegard, Eibingen, Beuroner Kunstverlag, 1. Auflage 2012, Seite 101, 1.109 Wermut

Morgen auf nüchternen Magen. Die Wärme des Wermuts durchwärmt die Magenschleimhaut. Dieses Organ erhält durch den Wermut auf ganzheitlicher Ebene heilsame Energie. So kann der Magen seine Arbeit gut meistern. Körperliche Erschöpfungszustände finden ihre Ursachen in den dem Körper umgebenen Energiekörpern. Sie leisten in Zeiten großer Transformation große Werke. Festsitzende Energien verklumpen und durch die Wärme des Wermuts lösen sich diese Klumpen nach und nach auf. Die Auswirkungen spiegeln sich als letztes in unserem physischen Körper ab.

Da Hildegard den Wermuttrank als Kur empfiehlt, ist in dieser Zeit auch eine zusätzliche Reinigung der Energiekörper möglich. Meditationen, Stille, der Weg in die Natur erweisen sich hier als „Putzkolonne". Voraussetzung ist unsere Bereitschaft. Der Wermut als „Lehrmeister" gibt seine „Lehreinheiten" über den Magen in das Außen, in unsere Aura, unsere Energiekörper. Wie innen, so außen. Jedes einzelne Naturheilmittel wirkt auf seelischer, geistiger, psychischer und körperlicher Ebene.

Liegen seelische Wunden vor, ist das Trinken von Schafgarbentee eine exzellente Variante. „Schafgarbe ist ein bisschen warm und trocken und hat gesonderte und feine Wirkungen auf Wunden."[17]

Alte Verletzungen erschweren uns den Alltag und das Miteinander. Oftmals werden diese in bestimmten Situationen getriggert und wir reagieren dann entsprechend. Die Schafgarbe mit ihrer milden Wärme bietet uns genau eine Form für das Erlernen von Milde mit uns selbst oder anderen Menschen an. Die Energie der Schafgarbe erreicht unsere inneren Wunden und bricht diese auf, sodass wir sie sehen und fühlen können. Eine Schafgarbenkompresse auf den Solarplexus oder den Bauchnabel gelegt, unterstützt diesen Prozess. Fühle ich mich wund und verletzt, ist diese Kompresse im Liegen ein wunderbares Hilfsmittel. Eine ruhige Musik und eine Kerze erhöhen die heilenden Schwingungen. Bereiten Sie ½ Liter Wasser

---

17 Hildegard von Bingen Heilsame Schöpfung – Die natürliche Wirkkraft der Dinge, Physica, Herausgegeben von der Abtei St. Hildegard, Eibingen, Beuroner Kunstverlag, 1. Auflage 2012, Seite 106, 1.113 Schafgarbe

mit 1 Esslöffel Schafgarbe wie einen Tee zu. Gießen Sie den Tee durch ein Baumwolltuch (großes Taschentuch) und fangen so das Kraut im Tuch auf. Das Tuch muss komplett mit dem Tee durchtränkt sein. Binden Sie das Tuch mit dem Kraut zu und legen es dann auf den Solarplexus und am nächsten Tag auf den Bauchnabel. Das Ganze wiederholen Sie an 6 aufeinanderfolgenden Tagen.

Beide Varianten bewirken eine Entschlackung auf allen Ebenen. Nutzen Sie diese Zeit für besinnliche Stunden. Nehmen Sie Ihr Tagebuch in die Hand und führen Ihre Bilanz durch. Schauen Sie sich noch einmal jeden Punkt an. Wo gab es Veränderungen? Wo sind vielleicht Punkte offen geblieben? Jeder einzelne Schritt zählt und ist wichtig auf Ihrem Weg. Seien Sie stolz auf jede Veränderung – egal ob klein oder groß. Das Handeln zählt und bringt die Veränderung. Belohnen Sie sich! Gibt es etwas, das Sie sich vielleicht schon immer einmal gönnen wollten? Dann ist jetzt genau der richtige Zeitpunkt.

Der erste Teil des Programms umfasst ca. 4 Monate. Die Zahl 4 erweist sich hier als Grundlage (Fundament mit vier Säulen) und Öffnung für die Liebe. Der zweite Teil richtet sich auf 7 x 6 Tage aus, sodass insgesamt 42 Tage zu absolvieren sind. Nehme ich die Quersumme von 4 + 2, erscheint die 6 als Zahl der Liebe. Die 4 (1. Teil) und die 6 (2. Teil) wiederum ergeben 10 = Vollendung. Somit entpuppt sich die Selbst-Liebe als Ergebnis beider Programme.

Sind alle Übungen vollzogen, ergibt das einen umfangreichen Zeitraum, in dem Muster zu erkennen waren. Unsere Denk- und Verhaltensmuster sind über viele Inkarnationen auf eine Mangelausprägung ausgerichtet worden. Nun ist genau der richtige Zeitpunkt, aus diesem Mangel auszusteigen. Das vorliegende Programm könnte ein Anfang sein. Nur mit Ehrlichkeit und die Innenschau gelingt uns eine Veränderung. Nicht alles, was sich zeigt und erkannt wird, bereitet uns Freude und Wohlgefallen. Wir bestimmen unsere Richtung. Nehmen wir unser Inneres liebevoll an, kann es sich transformieren. Aus der Mangelprägung entwickelt sich wieder eine Prägung der Fülle und bedingungslosen Liebe. Die Zusammenarbeit mit den himmlischen Helfern ist hierbei ein wichtiger Motor.

Selbst-Liebe in Vollendung

Hildegard beschreibt zwei Säulen, die links und rechts neben einem Fundament zu sehen sind. Die linke Säule bildet dabei die Ur-Kirche mit ihren Seelenkräften, die rechte Säule bildet der Mensch, das Fundament Gott. Dieses Fundament symbolisiert den Wiederaufbau des 10. Engelchores. Gott gab diesen Platz dem Menschen. Neun weitere Engelchöre umgeben den zehnten Chor. Einst war es Luzifers Platz. Wir könnten diese Mitte auch als Vergöttlichung des Menschen bezeichnen. Es ist die Zusammenführung von Ur-Kirche mit den Seelenkräften und dem Menschen. Dabei steht uns die Ur-Kirche als eine Art Seelenakademie zur Verfügung. Die Seelenkräfte der Akademie erscheinen als inneres Fundament, Gott als äußeres Fundament. Die Verbindung aller drei „Elemente" zeigt sich in der Einheit. Innere und äußere Heilkräfte benötigen wir für den Dimensionenwechsel. Der Ausgleich von männlicher und weiblicher Energie findet statt, die ursprüngliche Einheit wird wiederhergestellt. Der 10. Engelchor darf in voller Schönheit wieder erstrahlen.

Das göttliche Fundament ist bereits vorhanden. Unglauben, Misstrauen oder auch Neid halten die Verbindung noch auf. Dennoch gelingt es vielen Seelen, diese Energien zu transformieren. Der Wiederaufbau und die Transformation zeigen sich als große Herausforderung. Ist der Mensch in der Lage, die Seelenkräfte positiv für sich zu nutzen und somit sein Energieniveau zu erhöhen, bringt es ihn der Vereinigung ein Stück näher. Alles deutet auf eine heilige Hochzeit hin. Die zehn Engelchöre dürfen sich wieder vervollkommnen. Geht der Mensch in seine Vollkommenheit, berührt er damit die Seelenkräfte und begibt sich in die Seelenakademie. Die Seelenkräfte sind immer in seinem Energiefeld zu finden. Der heilenden Verbindung dieser zwei Komponenten steht dann nichts mehr im Weg. Wie ein Netzwerk berühren die Seelenkräfte das Energiefeld des Menschen und gelangen in eine Symbiose. Das Energiefeld verändert sich: Wunden lösen sich auf, eine Reinigung findet statt. Die Energiebahnen erfahren eine Durchflutung von heilenden Lichtenergien. Blockaden erweichen sich und ihre festsitzenden Energien geraten in Bewegung und können so transformiert werden. Es fühlt sich wie eine Lichtexplosion an. Der Himmel geht auf: Funken von Liebe durchstrahlen die Energiekörper und verändern seine Schwingung. Alles fühlt sich auf einmal leichter an. Die Durchflutung mit Energien der Liebe nimmt Gefühle von Schwere und Ängsten heraus. Die Prägung des Energiefeldes wird transformiert und mit Liebesenergien „überschwemmt". Diese Möglichkeit steht jedem Menschen zur Verfügung. So kann sich auch auf Kollektivebene die Prägung ändern.

Die Angstprägung, die sich als eine kollektive Prägung zeigt und auf Mangel beruht, kann durch die Erhöhung der Schwingungen der Liebesenergien aufgelöst werden. Ihr werden Energien entzogen, die ihr Energieniveau absenken. Der Dimensionenwechsel bringt eine Schwingungserhöhung (ein erweitertes Lichtpotential) mit sich. Die heilenden Energien der Liebe entpuppen sich als höherschwingend, das heißt ihre Frequenzen sind in einem lichtintensiveren Level zu finden. So entfaltet sich sukzessive eine kollektive Prägung der Liebe, die wir bis dahin noch nicht erreichen konnten. Sie breitet ihre Arme aus und freut sich auf ein Wiedersehen, auf unsere Rückkehr. Geraten wir in ihr Schwingungsfeld, schwächt das zugleich das Energiefeld der Angst- und Trauma-Prägung. Ein großer Transformationsprozess setzt ein und überschreibt die Angstprägung mit Energien der Liebe. Wie Engelflügel breiten diese sich aus und entfachen einen Blick der Weite. Auf einmal ist es möglich, die Dinge aus einem größeren Blickwinkel zu sehen, zu fühlen und zu erleben. Wie im Kleinen, so im Großen gelingt eine Weitsicht in die Seelengemeinschaft. Die Prägung der Liebe erwartete uns. Ihre Energien eröffnen uns neue Möglichkeiten. Stück für Stück arbeiten wir uns zu dieser Prägung vor. Je mehr Angstenergien aufgelöst sind, desto näher kommen wir der Prägung der Liebe. Das enge Blickfeld öffnet sich auf einmal wie ein Fächer, und wir erreichen nach vielen Inkarnationen die bedingungslose Liebe wieder. Ihre Energien erweisen sich als sehr heilend. Ein langer Weg liegt hinter uns, und dieses Wiedersehen ist mit großen Emotionen der Freude verbunden. Das eigene Lichtfeld erblüht in leuchtenden Farben und „dockt" an die Liebesenergien an. Schritt für

Schritt öffnet sich eine neue Dimension der Liebe. Die Seelenkräfte sind auch hier zu Hause und erwarten uns in einer noch höheren Intensität. Wir kommen ihrem Ursprung wieder ein Stück näher.

Eine erweiterte Sichtweise – der Weg in die Einheit

Das Fundament bildet Gott als Ur-Vater. Die linke Säule symbolisiert die Ur-Mutter. Die rechte Säule stellt den Menschen dar (das Kind). Das göttliche Fundament setzt sich aus 4 Säulen zusammen. Die Ur-Mutter (Ur-Weiblichkeit) gebärt und schenkt Leben. Ihre 35 Seelenkräfte dienen in der Seelenakademie (der Ur-Kirche) als Übermittler von altem Heilwissen. Sie lehren uns dieses Wissen, sie beschenken uns mit den lichtvollen Energien, die daraus entstammen. Diese Energien erhöhen unser eigenes Lichtpotential. Dieses alte Heilwissen beinhaltet unter anderem Ursachen von Krankheiten, Transformationsmöglichkeiten, alternative Heilmethoden u.v.m. Folge ich der Zahlenmagie, ergibt sich aus der Zahl 35 die 8 (3 + 5 = 8). Die 4 Säulen + die 8 als Ergebnis der Seelenkräfte ergeben 12. Daraus resultiert die 3 (1+2=3). Somit erreichen wir die Dreifaltigkeit, die Macht der Drei. Die Verbindung der beiden Säulen mit dem Fundament stellt das Symbol der Heiligen Familie dar. Es ist eine Familienzusammenführung und somit eine Einheit (1).

Das Fundament in der Mitte ist als äußeres Fundament dieser Einheit zu sehen. Die Seelenkräfte bilden das innere Fundament. Der Mensch (das Kind) steht für Vollkommenheit oder auch Selbstverwirklichung (Vergöttlichung). Der Mensch kann ohne diese Fundamente (inneres und äußeres) nicht in die Vollendung, in die Vollkommenheit gelangen. Gott zeigt sich hier in Seiner Ganzheit. Begibt sich der Mensch in diese Symbiose, entfaltet er sich in seinem ganzen Sein. Irdisches und Himmlisches sind in ihm vereint. Es gibt keine Trennung. Ohne die Seelenkräfte, die in uns als inneres Fundament angelegt sind, ist keine Heilung möglich. Die Heilung kann nur von innen heraus folgen. Das äußere Fundament ist schon längst da. Die Lehre der Seelenakademie ist wichtig für die Vervollkommnung. Die Kraft der Heilung dieser Lehre berührt unsere Selbstheilungskräfte. Im wahrsten Sinne des Wortes erfährt der Mensch seine Selbstheilung. Dies ist ein Prozess. Der freie Wille des Menschen gewährt ihm Schritte zur Selbstheilung. Die Ursache aller Ängste und Laster liegt im Mangeldenken. Dies entstand beim Verlassen des Paradieses. Wir begaben uns auf eine Reise des Lernens, die mehrere tausend Jahre andauert. Wir gingen freiwillig in diesen „Mangel", und es entstand eine Prägung, die nicht nur Mangel beinhaltet, sondern auch Ängste und deren Auswirkungen wie Hass, Wut, Zorn usw. Alles beruht auf Mangel. Von außen wird uns Mangel vorgegaukelt. Wir brauchen dieses, wir brauchen jenes, um zufrieden und glücklich zu sein. Aber genau diese Energien benötigt diese negative Prägung als ein Energiekörper. Ihre Energien entstanden aus diesem Denken. Es ist eine Manipulation. Wir können das Mangeldenken nicht mit äußeren Einflüssen „wegzaubern". Der Drang nach immer mehr (mein Haus, mein Boot, mein Auto – so in der Werbung) ändert nichts am Mangeldenken und Mangelgefühl. Es stellt sich als ein innerer Mangel dar. Wir haben unsere göttliche Heimat „verlassen" und suchen letztendlich nach der Lichtenergie dieser Heimat. Dieses Licht beinhaltet all die Seelenkräfte. Begeben wir uns in ihre Hände, löst sich der innere Mangel auf. Ein Beispiel: Habe ich Existenzangst, könnte ich im Außen meine Arbeit verlieren. Mein Inneres spiegelt aber andere Themen wider. Ich bin nicht gut genug. Ich vertraue mir nicht. Ich glaube nicht, dass mir eine gut bezahlte Arbeit zusteht, ein erfülltes Leben. Und schon zeigt sich unter dem Mangel das Thema der Fülle. Unter jedem negativen Denken liegt ein Stück Licht. Zu Mangel gehören auch Neid und Gier. Letztendlich zeigt sich wieder die Angst. Alles hängt zusammen. Der Mangel entwickelte eine Minderwertschätzung. Die Fülle ist in uns verankert, im göttlichen Fundament. Unsere Aufgabe besteht darin, uns wieder zu ihr vorzuarbeiten, in dem wir die Auswirkungen des Mangels transformieren.

Hildegard von Bingen schreibt in ihrem letzten Werk Liber divinorum operum (Das Buch vom Wirken Gottes) in ihrer 4. Vision, 3. Teil: „Aber als Gott Himmel und Erde erschuf, stellte Er in ihre Mitte den Menschen, damit er herrschend über sie befehlen sollte. Und diese Mitte ist jener Mitte entsprechend, in der der Sohn

Gottes mitten im Herzen seines Vaters ist. Und wie ein Entschluss aus dem Herzen des Menschen kommt, so ist auch der Sohn aus dem Vater hervorgegangen. Denn das Herz hat seinen Entschluss, und der Entschluss ist im Herzen und sie sind eins, und keine Trennung ist da möglich."[18]

Hier erfahren wir die Wertschätzung Gottes dem Menschen gegenüber, aber auch die Verantwortung, die dem Menschen damit übertragen wurde. Es ist und bleibt Gottes Herzenssache, diesen Platz, den 10. Chor dem Menschen zukommen zu lassen (die Vergöttlichung des Menschen). Gott zeigte sich in Jesus. Die verlorene Zahl 10, besser gesagt den abgespaltenen Teil, holte Er damit wieder zurück. Gott präsentiert uns Seine Liebe. Der Platz des 10. Chores darf wieder eingenommen und gefüllt werden. Das Herz Gottes steht dem Menschen offen. Alle Erfahrungen des Menschen über viele Inkarnationen nehmen in diesem 10. Chor Platz. Dieser erweist sich als der größte Erfahrungsschatz des All-Einen. Alles Wissen versammelt sich in diesem Chor, im Herzen Gottes.

Der Entwicklungszyklus einer Seele von der Kinder- zur reifen Seele dauert 10.000 Jahre. 10 x 1000 Jahre an Erfahrungen, Erlebnissen, Entwicklungsschritten, Liebe und Hass, Angst und Zuversicht … bündeln sich in dieser Mitte. Die neun Engelchöre, die den zehnten umschließen, erweisen sich wie ein Lichtkleid des Schutzes. Jeder von ihnen erfüllt seine Aufgaben. Jeder von ihnen ist mit dem 10. Chor in Liebe verbunden. Alle zehn bilden das Lichtkleid Gottes, das unverwundbar ist und bleibt. Solange der 10. Kreis noch nicht vollendet ist, halten die neun Chöre energetisch den zehnten Chor. Er wird nicht aufgegeben. Die Gemeinschaft hält zusammen.

Jedes einzelne Leben ist für unsere Seele eine wertvolle Erfahrung. Die Verbindung zu den Seelenkräften ist unabdingbar. Sie geben uns die Kraft, die Energie, unsere Aufgaben zu erfüllen. Dabei steht die Selbst-Liebe immer ganz oben. Ihr heilendes Fundament setzt sich nicht nur aus Energien für Heilung zusammen, sondern es

---

18 Hildegard von Bingen Das Buch vom Wirken Gottes, Liber divinorum operum, Herausgegeben von der Abtei St. Hildegard, Eibingen, Beuroner Kunstverlag, 1. Auflage 2012, Seite 332, 9. Psalm 93.1 Gottes Wirken am Menschen

trägt altes Heilwissen in sich. Es erweist sich als weiser Lehrer und weisende Führung in unserem Erden-Dasein (die Seelenakademie). Ohne dieses göttliche Fundament sind wir und unsere Seelen von der Liebe „abgeschnitten". Inwiefern wir in diese Form von Beschneidung gehen, liegt an jedem von uns.

Die Selbst-Liebe ist das Annehmen unseres Selbst – als Mensch, als göttliches Wesen. Das Menschsein erweist sich oft als große Prüfung, weil wir immer wieder ins Hadern mit uns geraten. Wir wollen gut sein und stecken schon wieder in der Wertung. Das Wissen in uns, immer wieder ins Licht zurückzukönnen, kann uns nur beflügeln. Jedes Lächeln über ein kleines „Missgeschick" bringt uns der Selbst-Liebe ein Stück näher. Perfektion darf nicht das Ziel sein, sie ist an feste Bedingungen geknüpft. Vollkommenheit bringt uns die Selbst-Liebe. Das Menschsein darf genossen werden. Die Zeit auf Mutter Erde als Mensch ist begrenzt. Nutzen wir sie für uns und die große Seelengemeinschaft!

Nachwort

Die Schöpfungstage geben uns einen Einblick in Lebenszyklen, die wir durchlaufen. Jeder neue Tag bringt uns Möglichkeiten, Leben zu erfahren. Dieses zeigt sich in all seinen Facetten, einige fühlen sich leicht, andere schwer an. Gelingt es uns, mit Mut und Liebe die schweren Facetten zu durchlaufen, entwickelt sich das Leben in uns weiter. Die Seele streckt ihre Arme auf der Suche nach neuen Erfahrungen aus. Lebenshungrig wie sie ist, möchte sie wachsen. All die Erlebnisse nimmt sie in ihren Lebensspeicher auf. Dabei erhellt sich ihr Licht, aber auch eine Verdunkelung ist möglich. Ihr Ziel ist immer die Freiheit und die Nähe zu Gott, das Entfachen ihres Lichtes. Als großes Werk Gottes weiß sie um die Schmerzen, aber auch die Freuden des Menschen. Sie darf ihn aus einer anderen Perspektive sehen und genießt sein großes Lichtkleid. Der Weg in unser irdisches Kleid und damit auch ihr Erdenkleid gestaltet sich wie eine Verdichtung. Nicht immer fühlt sie sich wohl dabei, aber ihr großer Wissensspeicher und ihre einzigartige Liebe lassen sie all die Herausforderungen annehmen. Oft gibt sie uns über unsere Sinne Impulse wie eine innere Stimme oder ein Gefühl. Das sogenannte Bauchgefühl erweist sich als wunderbarer Lehrmeister. Aber auch der Verstand versteht sein Handwerk und „verführt" uns oft in Zweifel, Grübeln, Ängste oder auch Minderwertschätzung, oftmals bedingt durch Erfahrungen. Nehmen wir ihn ebenfalls als Lehrmeister an, erfahren wir Unter- oder Überreaktion. Das Bauchgefühl gibt uns die richtigen Antworten, aber Herr Lehrer Verstand spricht dagegen. Er stachelt zum Gegenangriff an und zieht uns wieder in seinen Bann und somit aus dem Bauchgefühl heraus.

Hildegard durfte diese Zusammenhänge erkennen. Sie wusste um die Gegenkräfte und den goldenen Mittelweg. Das gesunde Maß stellt sich als eines der wichtigsten Heilmittel zur Verfügung. Gelingt es uns dieses aufzuspüren, ist Umdenken möglich. Alte Konditionierungen im Denken, Handeln, Verhalten geraten an die Oberfläche und können mit Hilfe der Seelenkräfte verändert werden. Dieser Prozess erfordert von uns Mut, Disziplin und den Willen für Veränderung. Nicht immer gelingt es uns sofort, aber die Anlagen sind in jedem Menschen vorhanden. Der Tanz mit den Seelenkräften verstärkt unser Liebesband zwischen dem Himmlischen und Irdischen. Seele, Körper und Geist spinnen ein Netz der Liebe, umgarnen es und festigen den Bund mit dem Göttlichen. Alles darf Eins sein.

Anmerkung

Die beschriebenen Gebete, Affirmationen, Heilsteine und Naturheilmittel sind als Empfehlung zu sehen. Die Anwendung erfolgt auf eigene Verantwortung und in eigenem Ermessen. Sie ersetzen keineswegs den Besuch beim Arzt oder Heilpraktiker.

Literaturverzeichnis

Hildegard von Bingen-Werke, Band I, Wisse die Wege – Liber scivias – herausgegeben von der Abtei St. Hildegard, Eibingen, 2. Auflage 2012, Beuroner Kunstverlag

Hildegard von Bingen-Werke, Band VI, Das Buch vom Wirken Gottes – Liber divinorum operum – herausgegeben von der Abtei St. Hildegard, Eibingen, 1. Auflage 2012, Beuroner Kunstverlag

Hildegard von Bingen-Werke, Band V, Heilsame Schöpfung – Die natürliche Wirkkraft der Dinge, Physica – herausgegeben von der Abtei St. Hildegard, Eibingen, 1. Auflage 2012, Beuroner Kunstverlag

HERZ FÜR AUTOREN A HEART FOR AUTHORS À L'ÉCOUTE DES AUTEURS MIA KARΔIA ΓIA ΣYГГР
HÄRTA FÖR FÖRFATTARE UN CORAZÓN POR LOS AUTORES YAZARLARIMIZA GÖNÜL VERELIM SZÍ
CUORE PER AUTORI ET HJERTE FOR FORFATTERE EEN HART VOOR SCHRIJVERS TEMOS OS AUTO
ÖINKÉRT SERCE DLA AUTORÓW EIN HERZ FÜR AUTOREN A HEART FOR AUTHORS À L'ÉCOU
RAÇÃO BCEЙ ДУШОЙ K ABTOPAM ETT HJÄRTA FÖR FÖRFATTARE Á LA ESCUCHA DE LOS AUTOI
MIA KAPΔIA ΓIA ΣYГГPAФEIΣ UN CUORE PER AUTORI ET HJERTE FOR FORFATTERE EEN
ÖINKÉRT SERCE DLA AUTORÓW EIN HERZ FÜI
ÃO BCEЙ ДУШОЙ K ABTOPAM ETT HJÄRTA FÖI

Die Autorin

Anett Graaff, geboren 1966 in Neubrandenburg,
lebt heute mit ihrem Mann im Rheinland. Mit Hilfe
ihrer großen Empathie und der Fähigkeit, große Zusammenhänge zu erkennen, arbeitet sie als Heilerin
in eigener Praxis, in der sie geistige Heilmethoden
praktiziert und neben Reiki-Ausbildungen auch
lehrt. Darüber hinaus veranstaltet sie Seminare,
hält Vorträge und ist seit kurzem als Autorin tätig.
Durch ihre jahrelange Erfahrung und tiefe Verbindung zu Hildegard von Bingen erfährt sie eine
einzigartige Ausbildung zu jahrhundertealtem
Klosterwissen. Dies ermächtigt sie, Menschen zu
unterstützen, wieder zu sich selbst zu finden. 2020
veröffentlicht sie ihr erstes Werk „Himmel und Erde
in mir vereint". Mit ihrem neuen Ratgeber „Aktivie-
re deine Selbstliebe in der Seelenakademie" liefert
sie ein zweiteiliges Programm zur Selbstheilung mit
praktischen Übungen und gewährt einen moder-
nen Einblick in das Werk der Hildegard von Bingen.

Der Verlag

Wer aufhört
besser zu werden,
hat aufgehört
gut zu sein!

Basierend auf diesem Motto ist es dem novum Verlag
ein Anliegen neue Manuskripte aufzuspüren, zu veröffentlichen und deren Autoren langfristig zu fördern.
Mittlerweile gilt der 1997 gegründete und mehrfach
prämierte Verlag als Spezialist für Neuautoren in
Deutschland, Österreich und der Schweiz.

Für jedes neue Manuskript wird innerhalb
weniger Wochen eine kostenfreie, unverbind-
liche Lektorats-Prüfung erstellt.

Weitere Informationen zum Verlag und
seinen Büchern finden Sie im Internet unter:

www.novumverlag.com